AF599628

CATARATA

Deusto
Centro de Ética Aplicada
Etika Aplikatuko Zentroa

IZASKUN SÁEZ DE LA FUENTE ALDAMA

Profesora e investigadora del Centro de Ética Aplicada de la Universidad de Deusto. Se doctoró en Ciencias Políticas y Sociología (especialidad Ciencias Políticas) en la Universidad del País Vasco en 2001, con la tesis *El Movimiento de Liberación Nacional Vasco, una religión de sustitución* (2002). En la línea de investigación sobre conflictos y culturas de paz, estudia los procesos sociales, políticos y culturales asociados a la violencia de motivación política en Euskadi, en los que, con una clara motivación ético-política, otorga un lugar central a las víctimas. Participa desde sus inicios en 2018 en la Comunidad de Aprendizaje sobre Memoria, Educación Histórica y Construcción de Paz en Euskadi. Anteriormente, dirigió el proyecto interdisciplinar "Memoria, ética y justicia: la extorsión y la violencia de ETA contra el mundo empresarial (2012-2016)", que obtuvo el accésit del Premio UD-Banco Santander de Investigación (2017) y que ha conseguido colocar en la agenda pública una dimensión de la violencia de ETA que había resultado especialmente invisibilizada.

Research ID: Web of Knowledge: R-1052-2018/ orcid.org/0000-0001-9099-2653.

ÁNGELA BERMÚDEZ VÉLEZ

Investigadora principal del Centro de Ética Aplicada de la Universidad de Deusto. Dirige la línea de investigación sobre Conflictos y Culturas de Paz y la Comunidad de Aprendizaje sobre Memoria, Educación Histórica y Construcción de Paz en Euskadi. Su propia investigación indaga sobre cómo la educación histórica formal e informal promueve o impide una comprensión crítica de la violencia política y la construcción de paz. Se doctoró en Educación en la Universidad de Harvard en 2008, donde estudió la participación de los jóvenes en la discusión de controversias sociales y políticas. Antes, trabajó en Colombia, de donde es originaria, diseñando currículos y recursos didácticos, formando a maestros, enseñando a jóvenes e investigando en torno a la educación histórica, democrática y ética. Ha sido consultora del Ministerio de Educación Nacional de Colombia, la Secretaría de Educación de Bogotá, la Organización de los Estados Americanos (OEA), la Organización de Estados Iberoamericanos (OEI) y el Instituto para el Fomento de la Educación Superior (ICFES). Ha sido docente, entre otras, en la Universidad de Deusto (Bilbao), Northeastern University (Boston), Harvard University (Cambridge), Universidad Javeriana (Bogotá) y la Facultad Latinoamericana de Ciencias Sociales (FLACSO, Buenos Aires).

Research ID: Web of Knowledge: H-1290-2011/ orcid.org/0000-0002-5269-6420.

Izaskun Sáez de la Fuente Aldama
y Ángela Bermúdez Vélez

ETA frente a su espejo: controversias sobre el uso de la violencia

Izaskun Sáez de la Fuente y Ángela Bermúdez
(editoras de la colección)

COLECCIÓN MEMORIA E HISTORIA DEL CONFLICTO
Y LA VIOLENCIA EN EUSKADI

ESTA COLECCIÓN SE PRODUCE CON EL APOYO DE UN CONVENIO ENTRE EL GOBIERNO VASCO Y LA UNIVERSIDAD DE DEUSTO PARA EL DESARROLLO DEL PLAN DE CONVIVENCIA, DERECHOS HUMANOS Y DIVERSIDAD (2021-2024).

DISEÑO DE CUBIERTA: MIKEL LAS HERAS

ZURBANO, 76
28010 MADRID
TEL. 91 532 20 77
WWW.CATARATA.ORG

ETA FRENTE A SU ESPEJO: CONTROVERSIAS SOBRE EL USO
DE LA VIOLENCIA

ISBN: 978-84-1067-456-1
DEPÓSITO LEGAL: 22.015-2025
THEMA: JPWL/JPWS/JKVV

IMPRESO POR ARTES GRÁFICAS COYVE

ÍNDICE

SOBRE LA COLECCIÓN

Una década después del alto el fuego definitivo de Euskadi Ta Askatasuna (ETA), las personas jóvenes en Euskadi —la primera generación que no ha sufrido en carne propia la violencia— manifiestan tener pocos espacios seguros en los que preguntar, conversar y discutir sobre el tema.

La presente colección editorial busca promover en las nuevas generaciones una comprensión crítica de la historia de conflicto y violencia vivida en Euskadi en las últimas décadas. Está dirigida, principalmente, a las personas jóvenes, a los ciudadanos y ciudadanas de a pie que se interesan por estas cuestiones, pero también al profesorado en ejercicio o en formación y a las personas que, desde distintas organizaciones públicas y privadas, quieren fomentar el respeto de los derechos humanos y el cultivo de la paz y de la convivencia.

Este es un proyecto de la Comunidad de Aprendizaje sobre Memoria, Educación Histórica y Construcción de Paz en Euskadi, una iniciativa del Centro de Ética Aplicada de la Universidad de Deusto que, desde sus inicios en 2018, ofrece un espacio de diálogo y reflexión interdisciplinar e intergeneracional sobre el pasado violento de Euskadi. En su primera fase de trabajo (2019-2021), la Comunidad se dedicó a explorar, con jóvenes de distintos perfiles ideológicos, las preguntas y reflexiones que ellas y ellos se hacen acerca de la violencia de motivación política vivida. De manera recurrente manifestaron que les surgen preguntas que no tienen dónde plantear y que se hacen reflexiones que no pueden contrastar con otras personas. Sienten el peso de un "silencio heredado y autoimpuesto" en la familia, las cuadrillas, la escuela y la comunidad.

A la persistencia de este silencio ha contribuido la idea de que, para promover la paz y la convivencia, lo mejor es pasar página, olvidarse del pasado y mirar solo hacia el futuro. Pero no se puede construir el futuro de espaldas al pasado. Por ello, en su actual fase de trabajo, la Comunidad de Aprendizaje ha reunido a un grupo de historiadores expertos en la temática, filósofos y científicos sociales expertos en el análisis ético de la violencia y pedagogos expertos en educación histórica, para colaborar en la producción de esta colección.

Cada uno de los libros de la colección profundizará en una cuestión histórica o ética que hemos identificado como especialmente relevante para interrogar críticamente los relatos que las personas jóvenes tienen sobre la historia del conflicto vasco y de la violencia. Se trata de una estrategia pedagógica narrativa que, siguiendo la senda de Penélope, propone destejer con cuidado y volver a tejer con conciencia la memoria social de un pasado sangrante y doloroso. En ella, la visibilización y la exploración crítica de los mitos, los sesgos y las sobresimplificaciones que sirven para justificar la violencia marcan el punto de partida de una doble dinámica de *historización de la memoria* y de *memorialización de la historia*. Con ella se busca mejorar la comprensión que las personas tienen de la complejidad de los fenómenos históricos, encarnar el pasado en la experiencia de las víctimas y, así, activar el potencial de la historia para desnormalizar y deslegitimar la violencia.

INTRODUCCIÓN

Este libro pretende analizar la relación de ETA con la violencia, cuándo y por qué decidió utilizarla y en qué medida las disensiones, tensiones y fracturas dentro de la organización estuvieron directa o indirectamente relacionadas con la visión que tenía de la misma y el rol que le otorgaba en su proyecto político.

En sus 50 años de existencia, no ha habido una sola ETA. Desde sus orígenes, predominaron las visiones que, haciendo un uso intensivo del distorsionado relato del conflicto milenario, legitimaban y enaltecían la violencia como único medio para liberar Euskadi. Pero en el devenir de su historia también se esgrimieron otro tipo de consideraciones. En sus primeros años se dio un debate interno sobre la idoneidad de la violencia, donde se pusieron sobre la mesa razones en contra, unas más instrumentales (centradas en su conveniencia práctica o en el lugar o prioridad que debía tener en el repertorio de estrategias de la organización) y otras con un cierto significado ético (considerando su legitimidad como estrategia política). Sin embargo, desde que la organización tomó la decisión de utilizar la violencia y hasta la fractura entre milis y polimilis en la Transición, la cuestión de la violencia no tuvo un papel relevante en las controversias internas que estuvieron centradas en la convergencia o contraposición entre nacionalismo y marxismo. Tras la autodisolución de ETApm a principios de los ochenta, la violencia empezó a ocupar un lugar central en las controversias y desafecciones de militantes o simpatizantes de la organización o de su entorno político con una combinatoria de argumentos instrumentales y éticos.

Visibilizar estas controversias y, sobre todo, los argumentos de quienes cuestionaron la violencia tiene una trascendental relevancia para esta colección porque puede ayudar a erosionar varios de los mitos con los que se justifica o legitima. El que existan debates, fracturas y disidencias cuestiona el mito de la homogeneidad, es decir, la idea de que todo el pueblo vasco, en todo momento, pensaba y sentía de la misma manera y que la violencia era el único camino para defender los intereses de ese pueblo. Por otro lado, los debates y fracturas suponen que se tomaron decisiones deliberadas en favor de la práctica de la violencia y, por tanto, que esta no fue una consecuencia necesaria e inevitable de ningún conflicto político, sino el resultado de opciones que evidencian la capacidad de agencia de sus actores y, por ello, su responsabilidad.

1. CONTEXTO EN EL QUE ETA DECIDE UTILIZAR LA VIOLENCIA

Tras la Guerra Civil, el sistema dictatorial se autolegitimó insistiendo en que la contienda había sido una "Santa Cruzada" en la que el bando nacional había defendido a la patria española y a la religión católica de sus enemigos. Este planteamiento resultaba chocante en el País Vasco ya que, si bien su Gobierno liderado por José Antonio Aguirre se había decantado por la República, la mayoría de su población era profundamente religiosa y una parte significativa de ella, incluido un amplio sector del clero, se identificaba con el nacionalismo vasco. Para visibilizar su victoria, la dictadura utilizó tres mecanismos: la contraposición entre vencedores y vencidos mediante la declaración de Bizkaia y Gipuzkoa como provincias traidoras; la abolición de los Conciertos Económicos, últimos vestigios del sistema foral, y el uso frecuente e indiscriminado de la fuerza y de la represión. El objetivo último de estos mecanismos era lograr la creación de una conciencia nacional estatal mediante la supresión de todo tipo de autonomía y de cualquier signo de la identidad vasca, sobre todo en la inmediata posguerra. A su vez, los estados de excepción, que se intensificaron durante el tardofranquismo, proporcionaron credibilidad social al mito creado por Sabino Arana, fundador en 1985 del Partido Nacionalista Vasco (PNV), sobre la ocupación de Euskadi por España.

A partir de 1959, el franquismo reguló, en la Ley de Orden Público, la posibilidad de que el Gobierno suspendiera algunos de los derechos recogidos en el Fuero de los Españoles (1945), en todo o en parte del territorio nacional, si consideraba que era necesario para controlar a las fuerzas sociales y políticas que amenazaran el orden público. Entre las medidas contempladas en los estados de excepción destacan la prohibición de la circulación de personas y vehículos en horas y lugares determinados, la detención de personas, la práctica de registros domiciliarios, la censura de espectáculos y de publicaciones y el uso de tribunales especiales que actuaban sin garantías procesales para los detenidos. La declaración de estado de excepción se convirtió en una práctica habitual a partir de los años sesenta en medio de las huelgas, la creciente movilización de la oposición y las actividades de ETA. Durante la dictadura se declararon siete estados de excepción, de los cuales cinco afectaron única o especialmente a Euskadi (Ibáñez, 2013).

Ante la represión y la invisibilidad a la que le obligó la dictadura, el mundo nacionalista se fragmentó y transitó de la esfera pública a la privada, donde encontró refugio en la familia, la Iglesia, la cuadrilla y asociaciones culturales, deportivas y gastronómicas. En esos momentos, la lucha se libró exclusivamente en el terreno de la lengua y de la cultura (Sáez de la Fuente, 2002: 112-113). La familia, *euskaldun* y católica, se sentía materialmente derrotada pero moralmente victoriosa y, con frecuencia, transmitía a las generaciones jóvenes una ética de resistencia encarnada en la figura del *gudari*, el soldado vasco, cuya causa era justa ya que solo luchaba por lo que le pertenecía y, además, lo hacía contra un régimen totalitario: "En la familia no se hablaba directamente. [Se utilizaban] metáforas e historias que se referían a la contienda [...] En gran medida, era una manera de preservar la seguridad de los vástagos. Pero el misterio agrandaba el enigma, lo sublimaba [...] y el misterio reescribía la historia, la mitificaba, con más *gudaris*, más batallas y más ardor del que hubo en realidad" (Aulestia, 1998: 21).

La reproducción del código nacionalista fortalecía un sentimiento de genocidio que alimentaba la diferenciación entre Nosotros y los Otros, y la identificación de los Otros con el enemigo (Gurrutxaga, 1996: 101). En el proceso de socialización desempeñaron un papel fundamental las salidas al monte y la celebración de fiestas donde los adultos cantaban el "Eusko Gudariak" —el himno de los soldados del PNV en la guerra, donde se subrayaba la capacidad regeneradora de la sangre— e imbuían a los jóvenes de un sentido patriótico profundizando en el estilo *mendigoxale*[1]: "[...] ¿Qué se hacía en aquellas fiestas, en aquellos montes? Bueno, pues normalmente se solía ir a Urbía y se ponía una Ikurriña, ibas a Aránzazu y tirabas ikurriñas, y ese tipo de cosas ¿no?, pintadas y así" (Arriaga, 1997: 58).

En los años cincuenta y sesenta, España experimentó una modernización económica que en Euskadi implicó un fuerte despegue industrial para el cual necesitó abundante mano de obra de otras zonas del Estado. En medio de las transformaciones sociales, la sociedad vasca modificó sus patrones culturales y normativos y los adaptó a los del resto del mundo occidental, envuelto en un intenso proceso de secularización que supuso un creciente pluralismo moral, político y cultural. También en esta época tuvo lugar una fase de agitación política internacional porque los movimientos de descolonización y de liberación de Cuba, Argelia y Vietnam encendieron la rebelión en numerosas poblaciones de América Latina, África y Asia.

ACTIVIDAD 1

- ¿Qué conoces sobre los orígenes y la evolución de ETA?
- A lo largo de su historia, ¿cómo ha justificado el uso de la violencia?
- ¿Toda la organización mantenía las mismas posiciones o había distintas opiniones?

Contrasta lo que sabes con las percepciones que tienen personas de tu entorno.

1. Aunque literalmente *mendigoxale* significa 'montañero', en el sector nacionalista se consideraba como tal a aquel que conocía la lengua y la cultura vascas, se asociaba para su defensa y apostaba por la libertad de su patria.

2. EL PECADO ORIGINAL DE ETA

LA RETÓRICA SOBRE LA VIOLENCIA EN LOS ORÍGENES DE LA ORGANIZACIÓN

En ese escenario de cambios, una nueva generación de la juventud vasca, de tradición familiar católica y nacionalista, reaccionó ante la permanencia del franquismo que, desde los años cincuenta, se consolidó internacionalmente en plena Guerra Fría, avalado por las Naciones Unidas, el Fondo Monetario Internacional y el Vaticano. Esta generación cuestionaba el inmovilismo y la pasividad de sus mayores (PNV) por su creencia en que los aliados (EE UU, Francia e Inglaterra) ayudarían a acabar con la dictadura, por el mantenimiento del Gobierno Vasco en el exilio en colaboración con socialistas y republicanos, y por su visión complaciente y nostálgica del pasado. Así lo expresaban algunos de esos jóvenes que terminaron formando parte de ETA: "[...] los afiliados al PNV se limitaban a 'recordar viejas hazañas, celebrar funerales, comilonas y el Aberri Eguna'" (Fernández Soldevilla, 2021: 45).

Aunque heredaron referencias simbólicas y pautas de resistencia de la generación anterior, la juventud vasca se encontraba sumida en una crisis de identidad porque buena parte de ese legado ya no les servía. El escenario en el que se tuvo que mover estaba repleto de contradicciones y controversias sobre cómo entender el nacionalismo y, especialmente, cómo posicionarse respecto al uso de la violencia. En el entorno nacionalista existía un denominador común, la percepción de una continuidad histórica entre las guerras carlistas, la lucha de los *gudaris* del 36 y la realidad de la nueva generación. La glorificación del *gudari* en términos de sacrificio martirial activaba un sentido de responsabilidad y de compromiso que había perdido fuerza. A partir de aquí comenzaban las discrepancias sobre cómo materializar ese compromiso histórico.

Siguiendo el posicionamiento del PNV, la mayoría de los jóvenes nacionalistas rechazaba la violencia y proponía centrarse en el cultivo de la lengua, el conocimiento de la historia y la reproducción de la conciencia nacional. Pero los más radicales, tanto jóvenes como mayores, muy presentes en el exilio latinoamericano, cuestionaban esta visión y la tachaban de "falso pacifismo", "claudicación" y "vil traición" a los *gudaris*, porque consideraban que lo que les correspondía era coger las armas de nuevo para proseguir con la guerra del 36. El ejemplo de los movimientos anticoloniales armados del continente africano les ofrecía un modelo a seguir: "Más vale un tiro disparado a tiempo que cien discursos" (cfr. Fernández Soldevilla, 2016: 158). Esta perspectiva sería asumida por los militantes de Ekin (Hacer) (1952), que unos años después se transformaría en ETA.

Ekin, que adoptó la posición más radical y antiespañola de la cultura nacionalista vasca, era un movimiento de universitarios centrado en el estudio de la historia y del euskera. Influido tanto por las lecturas míticas y épicas sobre la tradición vasca como por los movimientos europeos de vanguardia, recreaba el pasado revitalizando la vida rural a pesar de que su cultura fuera netamente urbana. Aunque pretendía crear un movimiento nacionalista alternativo al tradicional del PNV, fue incapaz de afrontar el reto de la inmigración. Sus miembros eran cristianos practicantes, pero se declararon aconfesionales. Desde el principio se desvincularon de la Iglesia por la frustración que les generaba la actitud complaciente de la jerarquía para con el régimen (cfr. ETA, 1979, vol. I: 21). EGI y Ekin se fusionaron en 1956 con el fin de constituir un frente en pro de la liberación de Euskadi. Sin embargo, dos años después se disociaron debido a las "desconfianzas mutuas, las ansias de control de la dirección del PNV y los problemas internos del propio partido" (Fernández Soldevilla y De Pablo, 2024: 54).

Tras la escisión, el sector procedente de Ekin decidió adoptar un nuevo nombre, Euskadi Ta Askatasuna (Patria Vasca y Libertad). Cuando se constituyó en 1959, ETA se autoproclamó continuadora de la resistencia de los *gudaris* del 36, heredera de una supuesta misión histórica inconclusa. Desde el principio, se declaró aconfesional y partidaria de un Estado vasco laico, considerando que la labor patriótica podía ser realizada tanto por cristianos como por ateos y agnósticos (ETA, 1979, vol. I: 267). Ya en sus primeros escritos, para la organización el elemento identificador de la esencia étnica vasca no era la raza —como en Sabino Arana—, sino la lengua, cuya difusión y fortaleza era requisito imprescindible para la supervivencia nacional, pues "desde los tiempos de Maquiavelo es consejo político conocido y de efectos infalibles que, para matar un pueblo, no hay nada más fulminante que matar su lengua nacional" (ETA, 1979, vol. I: 253). Así, se reforzó la mitificación del euskera y su conversión en arma política. Curiosamente, en esos años, Txabi Etxebarrieta, todavía militando en EGI, solicitaba recursos a sus compañeros de Venezuela alegando que "necesitamos dinero para el euskera y necesitamos dinero para la dinamita" (cfr. Fernández Soldevilla, 2016: 161).

El énfasis en el idioma no modificó el etnocentrismo ni la visión fundamentalista, agónica y antiespañola del nacionalismo. Esto se percibe con más claridad si se analiza su postura respecto de la inmigración. ETA distinguía entre el "aspecto personal", que se refería al derecho individual a migrar, y el "aspecto colectivo", que afectaba gravemente a la identidad nacional de Euskadi. Creía que su patria era objeto de una inmigración masiva fruto de la demanda de mano de obra industrial que derivaba en una práctica "genocida", en una de las fórmulas más eficaces del Estado opresor para lograr la asimilación definitiva de la nación colonizada. La organización concebía Euskadi como nación ocupada y oprimida por los imperialismos español y francés; esta tesis seguía los postulados del Arana más antiespañolista. La regeneración nacional solo podía provenir de la independencia y no de la recuperación de los sistemas de autogobierno existentes hasta 1936 —fueros o Estatuto de Autonomía—, rechazando así la postura del PNV y del Gobierno Vasco en el exilio. Para ello, defendía la constitución de un Frente Nacional que aglutinase a todos los vascos al margen de sus concepciones políticas (ETA, 1979, vol. I: 17). Esto le llevó a equiparar el movimiento vasco con el Frente de Liberación Nacional argelino y con la oposición angoleña al régimen colonial portugués, actitud que tendría significativa influencia posterior.

Muchos de los primeros miembros de ETA estaban convencidos de que no servía de nada difundir sus ideas mediante la propaganda o la colocación de ikurriñas ni el esfuerzo por propiciar un clima adecuado para las conversaciones con el Gobierno español, ya que, a su juicio, al margen del régimen político de España (dictadura, monarquía o república), esta pretendía mantener unas relaciones de dominación metrópoli-colonia. Por ello, asumieron la necesidad de sacrificarlo todo, incluida la propia vida, por la libertad del pueblo vasco. Aparecía ya en esos momentos la imagen de la sangre redentora. "Este derecho no nos será reconocido desde fuera si nosotros no lo hacemos respetar con nuestra sangre, si es preciso" (ETA, 1979, vol I.: 263). En pleno régimen franquista, la organización buscaba revestir el uso de las armas de legitimidad al subrayar la necesidad de la violencia como respuesta a la violencia estructural del Estado, como reacción frente a una situación de "esclavitud" que amenazaba la existencia del pueblo. Ante lo que tachaban de actitud "pasiva" o "pacifista" del PNV, abogaba por un activismo armado de carácter selectivo, centrado en aquellos colectivos que aplicaban la "ley española" en el País Vasco: "Los violentos condenan la violencia. Destrozaron, pisotearon y quemaron las banderas de Euskadi, persiguieron nuestra cultura y nuestra lengua [...] y ahora lanzan contra nuestro pueblo policías como perros, [...] la violencia engendra violencia" (ETA, 1979, vol. I: 406).

Desde el otoño de 1959, ETA puso bombas de fabricación casera en el diario *Alerta* de Santander, en el Gobierno Civil de Vitoria y en la Jefatura de la Policía de Bilbao, sin provocar víctimas. El 18 de julio de 1961 trató de descarrilar un tren que unía San

Sebastián con Bilbao, donde viajaba un grupo de veteranos requetés guipuzcoanos que acudía a conmemorar el XXV Aniversario del Alzamiento Nacional. El atentado tuvo un alto componente simbólico porque, al atacar a quienes habían derrotado a sus mayores en la Guerra Civil, buscaban mostrar que esta no había concluido y que los "nuevos *gudaris*" habían tomado el testigo de los viejos. Siete etarras fueron condenados a prisión y otros huyeron a Francia. Este descabezamiento provocó una incipiente discusión sobre la idoneidad de la "lucha armada". La violencia formó parte del ADN de ETA desde sus orígenes, aunque no llegara a matar hasta casi una década después. Ello puede deberse, además de a la falta de recursos, infraestructura y entrenamiento, a que la sensibilidad religiosa y moral de un sector de la militancia actuaba como cortafuegos. Sin embargo, estos frenos duraron bien poco y el inicio de la espiral violenta marcaría un punto de no retorno.

El activismo de EGI, similar al de ETA y, en ocasiones, en colaboración con ella, también se centró en sabotajes, pintadas, destrucción de monumentos, colocación de ikurriñas y celebración tanto del Aberri Eguna (Día de la Patria vasca) como del Gudari Eguna (Día del Soldado vasco). Los sectores más radicales de EGI, a quienes les atraía el uso de la violencia, se encontraron con la oposición frontal de dirigentes del PNV que, como Manuel de Irujo, advertían sobre los riesgos de dejarse llevar por la tentación de una violencia sectaria, que juzgaban inútil e irresponsable: "ETA es un cáncer que, si no lo extirpamos, alcanzará todo nuestro cuerpo político [...]" (cfr. De Pablo, Mees y Rodríguez Ranz, 2001: 271). Ante esa reacción, un sector de EGI, al que pertenecían Txabi y José Antonio Etxebarrieta, abandonó las juventudes del PNV y se integró en ETA.

Estos planteamientos cristalizaron en la I Asamblea (1962)[2]. En ella, ETA se autodefinió como movimiento y no como partido, pues su objetivo —la reconstrucción y regeneración nacional— no era meramente político. Por tanto, la independencia era solo un

2. ETA celebraba periódicamente asambleas en las que se presentaban ponencias y se definían sus directrices ideológicas y líneas estratégicas. Fue en algunas de esas asambleas donde se visibilizaron fuertes controversias.

medio para tal fin. De ahí que realizase un llamamiento a las demás fuerzas patrióticas para, unidas en un Frente Nacional, luchar contra la opresión y conseguir la libertad. Reclamó el euskera como idioma oficial del pueblo vasco, refrendó su carácter aconfesional y mostró cierta sensibilidad social, pero aún sin plantear postulados marxistas. En el plano estratégico, no concretó los instrumentos de acción, de modo que cabían todo tipo de opciones, violentas y no violentas, en función de la coyuntura histórica.

En 1963, Federico Krutwig publicó *Vasconia*, obra que muchos consideran la Biblia de ETA. Sus tesis, analizadas en la II Asamblea (marzo de 1963), influyeron en algunos de sus fundadores como Julen Madariaga. Para Krutwig, que aprendió euskera de forma autodidacta, aquella etnia que no utilizaba su lengua en su vida cotidiana perdía su nacionalidad y sustituía su forma de pensar por otra extranjera (Krutwig, 1963). A su juicio, el nacionalismo tradicional había roto la esencia vasca al no enseñar a sus hijos el idioma nacional y de este modo se había transformado en "traidor", en simple instrumento de un régimen genocida. Krutwig se refería así a la figura del *lehendakari* en el exilio, Jesús María Leizaola (1960-1979):

> [...] un hombre que ha olvidado la mínima exigencia de un nacionalista, [...] quien dominando la lengua nacional [...] no se la ha enseñado a sus hijos, rompiendo la arteria que conducía la savia nacional de generación en generación, convirtiendo a sus hijos en *maketos*, en herramientas al servicio de la opresión antivasca. Nuestra lengua vivifica al pueblo vasco. El menor pecado contra ella es el más horrendo crimen que puede cometer un vasco [...] El *jelkide* que desnacionalizó su familia [...] deberá ser llevado ante un tribunal militar, para que se le juzgue con el máximo rigor [...] (Krutwig, 1963: 27 y 44).

Para él, la traición de los *maketizados* —palabra derivada de la expresión *maketo* de Sabino Arana para referirse despectivamente al extranjero/inmigrante—, de la clase burguesa autóctona, españolizante y opresora había rebajado al pueblo vasco a la condición de proletariado, de clase oprimida (Krutwig, 1963: 66). En su delirante reconstrucción histórica del sentimiento nacional vasco rememoraba las guerras carlistas, viendo en Zumalacárregui —general de la primera (1835-1839) que lideró a las tropas carlistas (tradicionalistas) en contra de las liberales— un primer héroe nacional que con su ejemplo mostraría el camino para lograr la libertad del pueblo vasco. Para Krutwig, Arana tuvo, a su vez, el "acierto" de descubrir a España como enemigo. Y, refiriéndose a la Guerra Civil, consideraba que la ruptura entre la generación de preguerra y la de posguerra se produjo con el paso de un nacionalismo reaccionario, tradicionalista y ruralista a otro revolucionario, que era, para él, el auténtico nacionalismo. A su juicio, si bien el nacionalismo vasco había sido derrotado en la guerra y sus protagonistas habían dejado de ser vascos para convertirse en antifranquistas, la nueva generación, personificada en ETA, revivía la fuerza del nacionalismo, encontrando su inspiración en el ejemplo de otros pueblos que se emancipaban de las garras del colonialismo y haciendo realidad la expresión "Vasconia *resurrexit*" (Krutwig, 1963: 10).

Krutwig también influyó en la concepción de ETA sobre el uso y la justificación de la violencia. La defendía como único método válido para lograr la independencia. "[...] el pueblo que logró algo por derecho de conquista jamás cede su presa a no ser que le sea arrebatada por la fuerza" (Krutwig, 1963: 327). Apostaba por una estrategia revolucionaria de tintes tercermundistas, que requería del "pueblo oprimido" una completa identificación con la causa del guerrillero. Al interpretar estas tesis, Julen Madariaga, en *Insurrección en Euskadi* (1963), intensificó el antagonismo entre dos cosmovisiones opuestas, una, la representante del Bien y de la Verdad, que emancipaba integralmente al hombre vasco mediante una "guerra justa de liberación", y otra, la expresión del Mal, propia de las fuerzas políticas y económicas que perseguían aniquilar Euskadi.

> La Guerra revolucionaria viene a ser una secularización de las antiguas guerras religiosas [...] político es sinónimo de ideológico

> e incluso de religioso. La mística que conducía en la Edad Media al soldado cruzado a dar su vida [...] se seculariza [...] en una mística de liberación nacional y social [...] El gudari revolucionario [...] lucha, como el antiguo cruzado, por una VERDAD, la nuestra: liberación radical de Euzkadi [...] Nuestra verdad es la VERDAD ABSOLUTA, es decir, verdad EXCLUSIVA, que no permite ni la duda ni la oposición y que justifica la eliminación de los enemigos virtuales o reales [...] la lucha [...] no concluirá más que con la victoria final, la cárcel o la muerte (ETA, 1963, nº 20: 8-9).

Siguiendo estos peligrosos planteamientos, ETA insistía en que los auténticos *gudaris*, los de cualquier época histórica, eran resistentes: "¿Qué significa resistencia? Resistir y atacar, caer y levantarse, sufrir y vencer" (ETA, 1979, vol. III: 299-300). En consecuencia, la estrategia que defendía y que posteriormente aplicó era la espiral *acción-represión-acción*. Según esta, cuando el régimen dictatorial respondía a cualquier tipo de "acción revolucionaria" o protesta popular, los "guerrilleros" debían realizar una acción más fuerte, que sirviera para contrarrestar la opresión y que generara un cada vez mayor apoyo social en una población sensibilizada por los indiscriminados castigos que sufría. Esta idea adquiriría especial verosimilitud durante los estados de excepción del tardofranquismo.

En los años siguientes, ETA se acercó progresivamente a la clase trabajadora. Además de apoyar manifestaciones que debilitasen al régimen, dio cabida a las reivindicaciones obreras en su actuación política y enfatizó el carácter "popular" y "revolucionario" de su nacionalismo. Influida por las corrientes europeas de la nueva izquierda, la IV Asamblea (1964) adoptó una ideología más socialista y obrerista, sustituyó el tradicional Frente Nacional por el Frente de Clases y adoptó la estrategia *acción-represión-acción*, aunque no la puso en práctica por falta de fondos. Dicho cambio de paradigma provocó un fuerte conflicto interno que culminó con la primera escisión de la organización en la V Asamblea (1966-1967).

LA V ASAMBLEA, PUNTO DE INFLEXIÓN HACIA UN CAMINO SIN RETORNO

Los dirigentes históricos llamados culturalistas —por el significado que atribuían al euskera— acusaban a la nueva dirección de ETA de "españolismo" y "liquidacionismo". Aunque los culturalistas consideraban que el pueblo vasco sufría una doble opresión y que la liberación debía ser nacional y social, creían que los marxistas eran reaccionarios en lo nacional (ETA, 1979, vol. IV: 439). Además, insistían en la necesidad de recuperar el planteamiento del Frente Nacional y en que todo militante etarra debía hacerse *euskaldun* y conocer en profundidad la historia de su pueblo y las causas de su decadencia. Finalmente, subrayaban el valor de la entrega personal al servicio de Euskadi por encima de cualquier otro principio, de modo que la vida individual solo adquiría sentido en la lucha en defensa de su pueblo: "[...] la vida no es para conservarla sino para darla en defensa de lo que consideramos nuestros ideales y si nosotros no somos capaces de dar la vida por Euzkadi no merecemos llamarnos vascos [...] (ETA, 1979, vol. IV: 190-191).

Culturalistas y marxistas celebraron la V Asamblea (1966-1967). Tras arduos debates, sus resoluciones finales apoyaron las tesis de Krutwig. Establecían que, si bien los componentes nacionalistas y revolucionarios constituían una unidad, la contradicción principal en Euskadi debía ser la nacional. ETA se definió como Movimiento Socialista Vasco de Liberación Nacional y atribuyó el papel de vanguardia al Pueblo Trabajador Vasco (PTV), cuya conciencia debía ser de clase nacional y no solo nacional o de clase. Así retornó a la idea de Frente Nacional en detrimento del Frente de Clases.

En el terreno organizativo, se acordó la división en cuatro frentes: cultural, político, económico y militar (ETA, 1979, vol. VII: 98). Estas resoluciones supusieron la expulsión de ETA-Berri (los marxistas) y el control de la dirección por ETA-Bai o ETA-Zaharra (los culturalistas). El sector escindido se mostraba convencido de que la organización estaba retornando al más puro nacionalismo aranista, incluso con connotaciones raciales, por su identificación de la nación con la etnia, su fetichismo lingüístico, sus posturas historicistas en cuanto fuente de derechos y su "camuflaje de los intereses de clase" (ETA, 1979, vol. VI: 280-290). A su juicio, ser vasco no era un problema de conciencia ni de raza ni de lengua, vasco era todo aquel que sufría opresión en Euskadi. Desde 1969, ETA-Berri adoptó el nombre de Komunistak; un año después, asumió una ideología maoísta y en 1972 se convirtió, junto a otras pequeñas formaciones españolas, en el Movimiento Comunista de España (EMK), que no debe confundirse con el Partido Comunista de España (PCE).

En la V Asamblea —en la que Txabi Etxebarrieta asumió la presidencia— también se escenificaron las tensiones entre los partidarios de la violencia, que defendían las estrategias guerrilleras del tercermundismo, y los más recelosos a utilizarla y que optaban por vías exclusivamente políticas. Los partidarios de la violencia argumentaban:

> España obtiene demasiadas ventajas económicas de Euskadi como para que podamos creer que vendrá el día en que se resigne a perder su "colonia", si nosotros no estamos dispuestos a conquistar nuestro derecho por la fuerza. Partiendo de esa premisa, es evidente que el camino que hemos de seguir es similar al de los argelinos o los angoleños (ETA, 1962).

A su vez, quienes defendían la vía política utilizaban dos argumentos: a) el empleo de las armas haría a ETA semejante a la dictadura que pretendía combatir y que se movía a la perfección en un escenario represivo; y b) el uso de medios no violentos facilitaría que la organización pudiera conseguir un grado de apoyo más amplio entre la población. No obstante, se veían en la necesidad de justificar que su cuestionamiento de la violencia no procedía del miedo a la cárcel ni de la falta de compromiso y, mucho menos, de ningún tipo de complicidad con el régimen franquista (ETA, 1962).

Los argumentos de los defensores de la vía política combinaban consideraciones claramente estratégicas con otras que apuntaban a posibles preocupaciones éticas. Algunos de sus activistas, conscientes del peso de la religiosidad en la sociedad vasca, se sintieron atraídos por la filosofía gandhiana de la no violencia más acorde con el Evangelio. Ante las dudas morales sobre el uso de la violencia, realizaron consultas a sacerdotes y religiosos, pero las respuestas antagónicas que recibieron no ayudaron a resolver la controversia. Esta fue la primera manifestación de la compleja relación entre razonamientos instrumentales y razonamientos éticos. Sin embargo, en la práctica, la controversia se resolvió sistemáticamente en favor de la fascinación y la elección deliberada de la violencia como estrategia política.

Un mes después de finalizar la V Asamblea, ETA efectuó en Aretxabaleta su primer atraco con éxito. Este y los que siguieron le permitieron adquirir armamento, infraestructura y recursos para mantener a sus líderes. También colocó bombas contra medios de comunicación, propiedades de personas sospechosas de colaborar con el régimen, repetidores de radiotelevisión, ayuntamientos, locales sindicales, cuarteles y símbolos franquistas. En marzo de 1968, un artefacto explotó en la sede de *El Correo Español*, hiriendo a un trabajador. A partir de entonces, varios de los militantes empezaron a ir armados. En abril de 1968 se celebró en Donostia el Aberri Eguna, jornada durante la cual se produjeron encuentros violentos con las Fuerzas y Cuerpos de Seguridad del Estado (FCSE) mientras helicópteros militares patrullaban la ciudad. Un manifiesto de ETA con motivo de dicha efeméride redactado por Txabi Etxebarrieta advertía premonitoriamente que "para nadie es un secreto que difícilmente saldremos de 1968 sin algún muerto", aunque se refiriese a sus propios militantes (cfr. ETA, 1979, vol. VII: 472). Los acontecimientos se precipitaron y el inicio de la violencia marcó un auténtico punto de no retorno.

Un monstruo que devora a sus hijos: el comienzo de la espiral violenta

Unos meses después del Aberri Eguna, en una reunión de la cúpula de ETA en Ondarroa, sus dirigentes decidieron que había que empezar a matar para acelerar la espiral *acción-represión-acción*. Seleccionaron como objetivos a José María Junquera y Melitón Manzanas, inspectores jefes de las brigadas de investigación social de Bilbao y Donostia, respectivamente, ya que, al ser las cabezas visibles de la represión franquista, su asesinato tendría una fuerte carga simbólica. Etxebarrieta fue el encargado de liderar esta operación, pero, antes de su realización, un evento imprevisto trastocó sus planes.

Etxebarrieta e Iñaki Sarasketa circulaban en un vehículo robado por las inmediaciones de la carretera Nacional 1 Madrid-Irún en Gipuzkoa el 7 de junio de 1968. Allí se encontraban regulando el tráfico dos guardias civiles, José Antonio Pardines y Félix de Diego. El coche de Etxebarrieta pasó por delante de Pardines, quien se acercó a ellos, les hizo señas y les pidió el permiso de circulación. Al comprobar que los datos de los documentos no coincidían con los del coche, mostró su sorpresa. Etxebarrieta y Sarasketa le respondieron con cinco tiros. Cuando el instructor militar del caso revisó el cuerpo encontró que la funda de la pistola reglamentaria seguía abrochada; Pardines no había tenido la oportunidad de desenfundarla. Este fue el primer asesinato de ETA que ha pasado intencionadamente bastante desapercibido porque la organización y su entorno o bien lo han desdibujado o han distorsionado el relato al presentar al guardia civil como responsable de su propia muerte, argumentado que Etxebarrieta actuó en legítima defensa al verse obligado a defenderse de una agresión policial.

Los dos etarras huyeron y unas horas después la Guardia Civil los detuvo en un control de tráfico y les pidió su documentación. Sarasketa no la tenía y Etxebarrieta tenía una falsa. Luego comprobaron que los dos iban armados. Hubo un intercambio de disparos, probablemente iniciado por Sarasketa, que se dio a la fuga. Etxebarrieta continuó forcejeando y disparando contra los dos guardias hasta que cayó herido. No murió en el acto. Mientras los guardias buscaban la manera de llevarlo a un centro médico, le preguntaron a qué organización pertenecía. Él simplemente les dijo que le dejaran en paz y que llamasen a un cura porque se quería confesar. Falleció 10 minutos después de llegar al hospital. Parte del entorno de ETA se atrevió a caracterizar su muerte como un "asesinato a sangre fría", "una ejecución extrajudicial" e incluso "un crimen de lesa humanidad" en el contexto represivo de la dictadura. Sarasketa fue arrestado y condenado a muerte, aunque Franco le conmutó la pena capital por otra de prisión. Fue excarcelado al amparo de la Ley de Amnistía de 1977. Murió en 2017.

Fuente: Elaboración propia de acuerdo a datos extraídos de Fernández Soldevilla y De Pablo (2024: 142-155).

Se recomienda el visionado de la serie *La línea invisible: cuando ETA eligió matar* dirigida por Mariano Barroso.

El 2 de agosto de 1968, Melitón Manzanas, natural de Donostia, fue asesinado cuando regresaba a su casa en Irun (Gipuzkoa). Al intentar entrar en su vivienda, un miembro de ETA le disparó cinco tiros en presencia de su mujer y de su hija, provocándole la muerte al instante (Fernández Soldevilla y De Pablo, 2024: 155-161). Este fue el primer crimen planificado por la organización. En su comunicado de reivindicación, ETA, para revestirse de legitimidad, subrayó que se había limitado a ser el brazo ejecutor de una condena del pueblo vasco que buscaba liberarse de yugo del Estado opresor:

> Como tantos otros peones del capitalismo español, Melitón Manzanas estaba condenado a muerte desde hace mucho tiempo [...] El mismo pueblo, que conocía bien su actividad, le había sentenciado a muerte. El pasado 2 de agosto ETA ejecutó esta sentencia del pueblo (ETA, 1979, vol. VII: 532-533).

ACTIVIDAD 2

El asesinato de Manzanas abre una compleja controversia. Sin duda, sus prácticas policiales eran éticamente objetables y el ensalzamiento de su figura por parte de la dictadura reflejaba su carácter antidemocrático y violador de los derechos y libertades fundamentales. No sorprende que, al calor de los hechos, aquellas personas que sufrieron la represión a manos de Manzanas o del régimen interpretaran su muerte como un acto de justicia y una victoria política. Sin embargo, la reflexión ética permite entender que no debe negarse el reconocimiento de la condición de víctima a una persona que ha sido asesinada, aunque, previamente, haya sido también victimario.

A tu juicio:

- ¿Qué significa reconocer a un victimario su condición de víctima?
- ¿Qué implicaciones debería tener ese reconocimiento?

La primera ley estatal de reconocimiento y reparación de las víctimas del terrorismo (1999) permitía no solo que se reconociese como víctimas a los victimarios-víctimas, sino también que se les condecorase. Por eso, a principios de 2001, a petición de la familia, el Gobierno concedió a Manzanas la Real Orden de Reconocimiento Civil a las Víctimas del Terrorismo. Esto provocó una profunda indignación entre ciudadanos, asociaciones, partidos y sindicatos, que demandaron una reforma legislativa para impedir semejantes homenajes públicos. La Ley 29/2011 establece que "las condecoraciones en ningún caso podrán ser concedidas a quienes, en su trayectoria personal o profesional, hayan mostrado comportamientos contrarios a los valores representados en la Constitución y en la presente ley y a los derechos humanos reconocidos en los tratados internacionales".

- ¿Cómo te sitúas ante este debate sobre el tipo de reconocimiento que se le debe dar a un victimario-víctima?

Tras su asesinato, el régimen reaccionó con una fuerte e indiscriminada oleada represiva amparada en la declaración de un estado de excepción en Gipuzkoa que, después, se extendió al resto de España. Dicha represión permitió a ETA convertirse a los ojos de la oposición antifranquista en la vanguardia de la lucha contra la dictadura y alimentar en sectores significativos de la ciudadanía vasca la animadversión hacia los cuerpos policiales. El objetivo de asesinar a Manzanas era acelerar la dinámica *acción-represión-acción*, instrumentalizando a la ciudadanía para que con su sufrimiento ETA obtuviera nuevos militantes o algún tipo de beneficio político:

> [El asesinato de Manzanas había supuesto] la toma de la iniciativa política por nuestra parte. No se trata ya solo de responder, se trata de obligar a ellos a que nos respondan a nosotros. Sabíamos que su respuesta sería drástica, esperábamos el estado de excepción. Estábamos preparados (ETA, 1968).

Resulta paradójico que ETA defendiera los beneficios de la violencia cuando sus consecuencias represivas se cebaban sobre el propio pueblo vasco en nombre del cual decía actuar. Para hacerlo posible, necesitaba despojar a ese pueblo de autonomía, de capacidad de agencia y arrogarse el derecho de decidir qué le convenía y por qué debía sufrir. Y así lo hizo durante toda su mortífera historia. A cambio de plegarse a los dictados de la organización, esta proporcionaba a sus militantes y simpatizantes un sentimiento de pertenencia y autotrascendencia. Gran parte de los jóvenes etarras de la generación de los sesenta —la que participó en la V Asamblea y destapó la caja de pandora de la violencia— era creyente y se había socializado bajo la influencia de sectores católicos nacionalistas y de la doctrina social de la Iglesia. Muchos de ellos se fueron alejando del catolicismo. Militar en ETA implicó un proceso de sustitución de una religión por otra (Sáez de la Fuente, 2002). El objeto de culto propio del cristianismo fue reemplazado por el pueblo vasco en la religión nacionalista:

> Sí, a pesar de la creencia [...] yo a los 18 años encuentro algo más sublimante aparte de la religión y me meto en ETA. Y entonces coincido con gente que, bueno, juega con la vida [...], hay que aprovechar la vida para hacer algo que valga la pena, y ese algo [...] ya no es Dios, sino que es la revolución, los pobres, la liberación de Euskadi [...] Entre el alucinamiento y la ilusión descubrías un paralenguaje de la organización, descubrías unas pautas de comportamiento, unos ritos [...] (cfr. Alcedo, 1996: 84-85).

3. LA CONSTRUCCIÓN SIMBÓLICA DEL ACTIVISTA DE ETA COMO HÉROE-MÁRTIR

Cuando Txabi Etxebarrieta falleció, se convirtió en el primer héroe-mártir como lo demuestra su constante recuerdo a lo largo de los años. Desde la perspectiva etarra, había perdido su cuerpo, pero su "ejemplo" de encarnación, renuncia y sacrificio y sus enseñanzas pervivirían en la memoria colectiva. Así le recordaba ETA en el poema "En memoria de un gudari":

> Hay sangre fresca en la tierra de Euskadi
> La sangre de los mártires que brota...
> No ha caído un hombre...
> ¡Ha caído un patriota!
> A traición y por la espalda [...]
> ¡Estamos en guerra,
> TXABI ETXEBARRIETA
> Gora Euskadi
> LIBERTAD O MUERTE! (ETA, 1979, vol. VIII: 323).

Esta relevancia del héroe-mártir se ha mantenido hasta la desaparición de la organización e incluso más allá de la misma. La muerte de un activista se entendía como semilla de nuevas y más elevadas luchas y su conmemoración implicaba una amplia ritualización (Sáez de la Fuente, 2002: 213-222). Cuando un etarra moría, se rompía la cotidianeidad. Proliferaban artículos y editoriales de prensa que glosaban su figura como persona y como *abertzale*, su integridad, honestidad y fortaleza, transformando los crímenes en actos heroicos. Se colocaban carteles en las calles, velas en las esquinas de los barrios y se realizaban diversos homenajes. Con frecuencia, la izquierda *abertzale* convocaba una huelga general para mostrar que el pueblo vasco, del cual el muerto era "hijo excepcional", se encontraba de luto. El traslado del cadáver o de las cenizas a su pueblo natal resultaba muy revelador, porque trataba de expresar la "vuelta a casa". A su llegada, el féretro, cubierto con una ikurriña y, si el/la muerto/a había sido militante de ETA, con su anagrama *Bietan jarrai* (Dos en uno) —la serpiente (astucia) enroscada en un hacha (fuerza)— encima del féretro, se colocaba en el centro del municipio: la sala de plenos del ayuntamiento, donde se le otorgaba, en un pleno extraordinario, el calificativo de "hijo/a predilecto/a" si la izquierda *abertzale* controlaba el consistorio, o, si no era posible, la plaza del pueblo. La declaración de luto se manifestaba también en la colocación de una ikurriña con crespón negro que ondeaba a media asta en la fachada de la casa consistorial. Y se intentaba instalar una placa conmemorativa o un monolito en la plaza del municipio o en algún otro lugar emblemático.

Los homenajes funerarios compartían la misma puesta en escena. La urna con las cenizas o el féretro presidía el escenario, junto a una gran fotografía del homenajeado, el anagrama de ETA desplegado por dos encapuchados, en medio de consignas de apoyo, ikurriñas que flanqueaban al féretro o la urna, pancartas con expresiones como "*Jo ta ke, Irabazi arte*" (Dale duro hasta ganar), "*Herriak ez du Barkatuko*" (El pueblo no perdonará), etc., y, a veces, un pebetero del que emanaba fuego. Un *irrintzi*, acompañado de los sones de la *txalaparta* recibía cálidamente a los familiares. El homenaje consistía en el baile de un *aurresku* de honor, la actuación de los *bertsolariak*[3], la intervención de uno o varios políticos de la

3. El *irrintzi* es un grito estridente, sonoro y prolongado, de un solo aliento, que los pastores vascos hacían resonar en las montañas y que, en general, se utiliza como señal de alegría. La *txalaparta* es un instrumento de música tradicional de la cultura vasca compuesto por dos tablones sobre los que dos intérpretes improvisan un

izquierda *abertzale*, que tendían a resaltar la figura del muerto y el significado "imprescindible y anónimo" de su lucha y, con frecuencia, la quema de alguna bandera española.

El acto solía cerrarse con el canto del "Eusko gudariak" o de "La Internacional" del movimiento obrero puño en alto. Estos ritos contribuyeron decisivamente a la difuminación del peso de la muerte y del sentimiento de pérdida. Los hijos biológicos del fallecido o representantes de Jarrai —denominación que, durante décadas, recibió el sector juvenil de la izquierda *abertzale*— depositaban encima del féretro un trozo de árbol, de un sauce que se regenera con rapidez o de un roble —considerado símbolo de las libertades vascas ancestrales—. Así, la sangre del militante muerto regaba las raíces de la tierra y del árbol patrio y fructificaba en generaciones venideras haciendo emerger constantemente nuevos patriotas y héroes dispuestos al mismo grado de compromiso por la "causa".

ACTIVIDAD 3

En su tratado *Contra el libelo de Calvino* por el asesinato de Miguel Servet, Sebastián Castellio afirmaba (1553): "Matar a un hombre no es defender una idea, es matar a un hombre".

¿Qué crees que dirían las víctimas de ese morir que requirió haber matado previamente?

diálogo rítmico golpeándolos con dos palos cortos; se cree que, originalmente, intentaba imitar el galope de los caballos. El *aurresku* es una danza tradicional vasca que se realiza como homenaje o reverencia a personas o personalidades destacadas. El *bertsolari* es la persona que practica el *bertsolarismo*, que consiste en el arte de improvisar y cantar versos en euskera.

Gudari Eguna: acto de legitimación de la violencia y factor de revictimización

Desde 1965, el PNV celebraba el Gudari Eguna (Día del Soldado) el 28 de octubre para conmemorar el fusilamiento de 42 soldados del Euzko Gudarostea (Ejército Vasco) en 1937 en la cárcel de El Dueso (Santoña). Mientras, desde finales de los setenta, la izquierda *abertzale* lo ha celebrado cada 27 de septiembre, fecha de la ejecución de dos militantes de ETA político-militar, Juan Paredes "Txiki" y Ángel Otaegui. Lo hacía bajo el lema de Telesforo Monzón, "Por los *gudaris* de ayer y de hoy" (*Atzoko eta gaurko gudarien alde*), subrayando constantemente la conexión entre *gudaris* y etarras. Dado que la celebración del Gudari Eguna por parte de la izquierda *abertzale* podía constituir un acto de enaltecimiento del terrorismo, las justicias solían prohibir su celebración, lo que provocaba altercados con la policía.

La última celebración se produjo en 2023. Entonces, la Fundación Fernando Buesa, COVITE y Gogoan-por una memoria digna (plataforma heredera de Gesto por la Paz) exigieron a la izquierda *abertzale* que dejara de realizar ese acto porque suponía una "legitimación explícita de la violencia ejercida por ETA y una exaltación de sus perpetradores incompatible con la paz y la convivencia". Según estas entidades, "la izquierda *abertzale* no solo ha pervertido el significado original del término 'gudari', [...] sino que, a lo largo de toda la trayectoria de la organización terrorista, ha establecido toda una liturgia propagandística de los miembros de la organización que les ha permitido legitimar el terrorismo y que esta legitimación se perpetúe en el tiempo hasta el día de hoy". Por eso, le pidieron que "[...] si tienen un mínimo de sensibilidad con las víctimas de ETA y quieren demostrar que su apuesta por la convivencia es sincera, hoy tienen una magnífica oportunidad para hacerlo, y es cesando cualquier acto enmarcado en el Gudari Eguna".

Fuente: Elaboración propia de acuerdo a datos extraídos de Aranzabal (2023).

En este mismo marco debe analizarse la controversia sobre los llamados *ongi etorris*, actos de recibimiento y de reconocimiento público de los presos de ETA, que se han mantenido fieles a la ortodoxia y a la disciplina de la organización, cuando salen de la cárcel. La recepción en clave heroica a aquellos activistas que han cumplido largas condenas por sus crímenes y que no muestran signo alguno de arrepentimiento o el intento de que continúen presentes en las fiestas patronales de pueblos y ciudades, sorteando la legalidad, muestra que, en asuntos clave, la realidad no había cambiado todo lo que debería. En casos concretos, se podía dudar de si traspasaban la delgada línea de la responsabilidad penal, pero es indudable su humillante connotación para las víctimas y el riesgo de revictimización que conllevaban, además de su potencial antipedagógico al exaltar el terrorismo; cuando las instituciones no actuaron con firmeza frente a semejantes despropósitos terminaron haciendo política como si las víctimas no existieran (Bilbao y Sáez de la Fuente, 2020).

No fue hasta finales de 2021 —una década después del alto el fuego definitivo de ETA— cuando el conocido como EPPK (Euskal Preso Politikoen Kolektiboa-Colectivo de Presos Políticos Vascos) emitió un comunicado en el que pedía a sus allegados que estos actos se realizasen en la intimidad:

> Aun aceptando que la persona presa que sale a la calle tras largos años y condiciones durísimas en prisión tiene derecho a recibir el abrazo de sus allegados, [las víctimas] han expresado que los actos públicos de recibimiento les provocan dolor. Decimos con claridad que nuestro deseo es aliviar todo sufrimiento y abrir nuevas opciones, ir sanando heridas y fortalecer la convivencia entre la ciudadanía vasca [...] [el fin de los *ongi etorris* es una] [...] aportación individual y colectiva que los presos y presas políticas vascas hacemos a la convivencia, a la paz y al reconocimiento del sufrimiento de los demás, además del nuestro y el de nuestros familiares [...] El EPPK considera conveniente que nuestra alegría por quedar libres sea compartida con quienes nos esperan en la misma puerta de la cárcel o con quienes nos reciben de modo discreto [...] En lo sucesivo, solo queremos recibimientos en un espacio privado entre allegados (cfr. Saiz-Pardo, 2021).

ACTIVIDAD 4

- ¿Estás familiarizado/a con la controversia sobre los llamados *ongi etorris*? ¿Cuáles son los planteamientos en disputa? ¿Cómo te posicionas tú frente a ellos?
- Pregunta a personas de tu entorno sobre sus opiniones. ¿Han participado en alguno de ellos, piensan que son legítimos o ilegítimos y por qué?
- El comunicado del Colectivo de Presos, ¿puede interpretarse como expresión de un cuestionamiento del uso de la violencia? ¿Por qué?

4. EL JUICIO DE BURGOS Y EL ASESINATO DE CARRERO: DOS ACONTECIMIENTOS QUE ENGRANDECIERON LA LEYENDA DE ETA

A finales de los sesenta, en ETA circulaban distintas ideologías que reproducían la tensión entre las corrientes más nacionalistas y las más obreristas: la de la nueva dirección (ETA VI), de carácter troskista; la de los dirigentes históricos defensores del nacionalismo revolucionario (ETA V); la de Branka, próxima a los dirigentes históricos y partidaria de una concepción etnolingüística de la nación vasca; y, finalmente, la de Células Rojas en torno a la revista *Saioak*, un grupo formado en el ambiente de Mayo del 68 con raíces marxistas.

En agosto de 1970 se celebró la primera parte de la VI Asamblea donde se produjo la expulsión de los dirigentes históricos y la dimisión de Células Rojas —que terminaría integrándose en Unión Comunista—. La nueva dirección (ETA VI), aunque reconocía el derecho de autodeterminación, enfatizaba el carácter estatal de la lucha contra la burguesía y la conveniencia de grandes Estados centralizados y de grandes partidos proletarios, lo que explica su opción por el Frente de Clase. Su lema era *Iraultza ala hil* (Revolución o muerte). ETA VI no rompió con la violencia, aunque sí pretendía examinar críticamente su intensidad y funciones porque era la única organización que la practicaba. Como respuesta, los "históricos" (ETA V) —bajo el lema *Askatasuna ala hil* (Libertad o muerte)— tachaban estas posiciones de "liquidacionistas" o "españolistas". A su juicio, había que reforzar el Frente Nacional, no había posibilidades intermedias, o se estaba a favor de Euskadi o de España y Francia. "Nosotros vascos hacemos la revolución en Euskadi y para Euskadi. No nos paramos a pensar si el pueblo español, el francés o el albanés tienen derecho a la autodeterminación [...]" (cfr. Bruni, 1992: 105-107).

Poco a poco, ETA VI comenzó a perder fuerza dentro de la organización, dominada por los sectores más ultranacionalistas de ETA V y el frente militar. Además, la creciente identificación ideológica de un sector de ETA VI, que terminó siendo minoritario, con el troskismo culminó con la fusión de sus militantes en 1973 con la Liga Comunista Revolucionaria (LCR). La crítica de LCR y EMK hacia la violencia de ETA no respondió a criterios éticos sino estratégicos. Al final de la dictadura, consideraban que la insurrección armada debía ser fruto del conjunto de la clase obrera y no de una supuesta vanguardia, la cual, a su juicio, se estaba alejando de la clase trabajadora. Los dos grupos defendían con firmeza tanto la ocupación de empresas como la violencia de ETA, ambas entendidas como estrategias de autodefensa de los oprimidos frente a los poderes establecidos (Merino, 2011: 91).

A principios de los setenta se intensificó el descrédito del régimen franquista debido a las críticas internacionales al Juicio de Burgos. En él fueron juzgados 16 miembros de la cúpula de ETA VI por delitos de tenencia ilícita de armas, robo a mano armada, rebelión militar y asesinato. En aquel entonces, la organización no solo se encontraba descabezada y dividida en dos facciones, ETA V y ETA VI, sino también sumida en una debilidad operativa que cuestionaba su espiral *acción-represión-acción*. La dictadura, afectada por sus propias discrepancias internas, planteó el macroproceso como un escarmiento para el conjunto de la oposición y quizás también como un modo de terminar con ETA. Pero sucedió justo lo contrario: los procesados despertaron la solidaridad de toda la oposición antifranquista, también en la esfera internacional, donde por aquel entonces la organización era percibida como un grupo separatista que luchaba por la libertad de un pueblo oprimido. Mientras la dictadura reprimía cualquier tipo de movilización mediante la declaración de estado de excepción, llegaron peticiones de clemencia tanto desde dentro como desde fuera del país, incluso por parte de la Conferencia Episcopal Española (CEE) y el Vaticano. La sentencia condenaba a seis de los procesados a la pena de muerte (de hecho y, aunque resulte incomprensible, les condenaba a dos penas de muerte a cada uno), pero, dos días después, Franco las conmutó por cadenas perpetuas con el fin de no dañar aún más su deteriorada imagen.

Su victoria política sobre la dictadura hizo que el número de activistas de ETA experimentase un fuerte crecimiento, tendencia que se mantuvo durante el periodo inmediatamente anterior a las primeras elecciones democráticas (1977). Ello se debió a que en un sector significativo de la juventud vasca caló profundamente el mito de que el objetivo del Juicio de Burgos era acabar para siempre con el pueblo vasco, sojuzgándolo por la fuerza, y la imagen de la organización como símbolo de resistencia. No obstante, fue ETA V la que capitalizó los réditos del proceso, mientras que la mecha de ETA VI se fue apagando.

En este escenario, la organización llevó a cabo una serie de acciones y de ataques directos contra la oligarquía industrial y financiera a través de los cuales pretendía demostrar la importancia de la relación entre "lucha armada" y "lucha de masas". Así se activó la recaudación del mal llamado "impuesto revolucionario", pura extorsión económica a empresarios, directivos y profesionales liberales que, mediante la intimidación, el acoso, el secuestro o el asesinato, permitió a ETA no solo arrogarse indebidamente la representación de la clase trabajadora vasca, sino nutrir sus finanzas que se encontraban severamente diezmadas. Con la llegada y la consolidación de la democracia, ETA centraría el objetivo de los secuestros en recaudar fondos para comprar armamento y pagar a sus activistas, aunque siguiera utilizando como herramienta de legitimación de los rescates su carácter de inversión al servicio de la liberación del pueblo y de sus luchas populares (Sáez de la Fuente, 2017).

ETA pensó en secuestrar a Luis Carrero Blanco, delfín de Franco, para utilizarlo como moneda de cambio por presos etarras encarcelados y, con una significativa red de colaboradores, creó la infraestructura necesaria en Madrid, *zulo* ('cárcel del pueblo') incluido. Sin embargo, al ser nombrado presidente del Gobierno y reforzarse su seguridad, el comando optó por eliminarlo. El espectacular atentado contra el almirante (20 de diciembre de 1973), que hizo volar su coche entre 35 y 40 metros hasta tejado de un edificio de la Compañía de Jesús, terminó con su muerte, la de uno de sus escoltas (Juan Antonio Bueno) y la de su chófer (José Luis Pérez). Con ello, ETA buscaba no solo responder a la oleada represiva en el País Vasco, sino alimentar su notoriedad presentándose a sí misma como la organización que había conseguido evitar la continuidad del franquismo tras la muerte del dictador y que había visibilizado la "lucha" del pueblo vasco.

Como Manzanas, Carrero fue victimario-víctima (Bilbao, 2009), pero también como Manzanas, tendió a ser recordado solo como victimario. Su asesinato fue una de las primeras acciones a gran escala de la organización terrorista y adquirió una profunda resonancia política nacional e internacional, concitando primero la sorpresa y después el apoyo de la mayoría de la oposición antifranquista y, sobre todo, de sectores significativos de la sociedad vasca. Aún muchos años después, en las fiestas patronales de diferentes localidades, personas de distintas generaciones continuaban lanzando al aire sus jerséis mientras cantaban a gritos: "¡Voló, voló, Carrero voló!", lo que, consciente o inconscientemente, alimentaba el capital simbólico de ETA y coadyuvaba a legitimar su opción por la violencia.

Canción 'Carrero Blanco' (del grupo Soak)	**Frases utilizadas por jóvenes en redes sociales**
Carrero Blanco ministro naval tenía un sueño volar y volar hasta que un día ETA militar hizo su sueño una gran realidad. Voló, voló, Carrero voló y hasta las nubes llegó. Voló, voló, Carrero voló y hasta las nubes llegó. ¡Ay Carrero! ¡Ay Carrero!	Aitor Cuervo en Twitter: "¿Carrero Blanco víctima? Dais asco" (2016). El cantante César Strawberry en Twitter (enero 2017): "Franco, Serrano Suñer, Arias Navarro, Fraga, Blas Piñar… Si no les das lo que a Carrero Blanco, la longevidad se pone siempre de su lado".
	El Tribunal Supremo unificó doctrina considerando que hechos como estos no constituían un ejercicio legítimo de libertad ideológica y de expresión, sino un delito de enaltecimiento del terrorismo, que justificaba los discursos de odio y de ofensa y de humillación a las víctimas (STS 4/2017, 18 de enero de 2017). Fuente: Elaboración propia de acuerdo a datos extraídos de Vlex (2017).

5. LAS TENSIONES ENTRE MILIS Y POLIMILIS: ¿QUIÉN SE QUEDA CON LAS SIGLAS Y POR QUÉ?

Al final de la dictadura, se produjo un nuevo ciclo de tensiones y controversias dentro de la organización que culminó con la fractura entre los que se autodenominaron ETA político-militar (los polimilis) y ETA militar (los milis). En contraste con rupturas anteriores, la discrepancia entre unos y otros no fue fundamentalmente ideológica (nacionalismo versus obrerismo), sino estratégica. En aquel entonces, ninguna de las dos facciones cuestionaba el nacionalismo ni el socialismo, ni renunciaba al uso de la violencia. También ambos grupos eran conscientes de la importancia de la lucha en la esfera política cuando el fin de franquismo estaba tan cerca. La controversia se centraba en cómo articular la "lucha armada" y la "lucha de masas" y quién debía protagonizar cada una de ellas. Para ETA político-militar, corriente mayoritaria, los organismos políticos y militares debían actuar bajo una misma dirección y unidad orgánica como dos actividades íntimamente ligadas, pues, de lo contrario, se corría el riesgo de que el grupo militar se alejase de las masas y cayera en el militarismo puro y duro (ETA, 1979, vol. XVII: 62). Mientras, ETA militar (1975), el núcleo minoritario, coincidía con los polimilis en aprovechar cualquier resorte legal para impulsar la creación y el desarrollo de organizaciones de masas, grupos obreros y populares independentistas, pero defendía la necesidad de separar al frente militar del resto. A su juicio, ETA no debía entrar en la legalidad democrática y tenía que mantener, como aparato militar, una estructura clandestina para evitar que la represión se abatiera sobre las masas y que se hipotecase la consecución de las metas de la organización a compromisos con fuerzas políticas opuestas a la práctica violenta. Es en este sector, que fue el que terminó prevaleciendo en la organización hasta su autodisolución, donde se intensificó el culto a la violencia desde una perspectiva mesiánica y liberadora.

La segunda parte de la VI Asamblea (enero de 1975), protagonizada por los polimilis, ratificó la necesidad de combinar la "lucha armada" y la "lucha de masas". ETApm creía imprescindible presentar una alternativa política de izquierda vasca que defendiera una posición rupturista frente a un posible cambio de régimen que, a su juicio, no sería más que una mera prórroga de la dictadura. Respecto a la acción armada, los polimilis rompieron definitivamente con el esquema tercermundista según el cual, tras un enfrentamiento prolongado, era posible una victoria militar sobre el "enemigo". Y optaron por una "guerra de desgaste" que, al debilitar al Estado, le forzase a la negociación política. Un año después, en la VII Asamblea (1976), el debate se centró en la creación de un partido que debía actuar en la legalidad y en el futuro de la "lucha armada". Ante la imposibilidad práctica de que ETA protagonizara ambas luchas, la ponencia triunfante —*Otsagabia*—, redactada por Eduardo Moreno Bergaretxe, Pertur, defendía la necesidad del "desdoblamiento". La "lucha de masas" debía priorizarse sobre la puramente electoral y ser llevada a cabo en el ámbito legal por un partido revolucionario cuya estructura de apoyo debía ser mucho más amplia que la organización armada. A su vez, la "lucha armada" debía practicarla ETA dentro de una concepción político-militar, que exigía formas de relación y de disciplina ideológica que garantizasen la subordinación de la violencia a la "lucha de las masas", a quienes debía corresponder el protagonismo en el nuevo escenario.

Dentro de ETApm existía un sector más radicalizado, los llamados Bereziak (comandos especiales) que provocaron una confrontación irreversible con la dirección que terminó con su salida de la organización, tras la aprobación de la ponencia *Otsagabia*, y su convergencia con los milis (octubre de 1977). Los Bereziak consideraban que eran los polimilis quienes debían transformarse en partido político y abandonar la violencia sin condicionar la actividad armada de la organización. Tal discrepancia explica la falta de apoyo de ETAm a Euskal Iraultzarako Alderdia (EIA), partido creado en 1976 por los polimilis, el cual promovió, junto con otras fuerzas de izquierda vasca, una lista (Euzkadiko Ezkerra-EE) para participar en las primeras elecciones democráticas (junio de 1977). A su vez, ETAm formó en 1977 Herriko Alderdi Sozialista Iraultzailea (HASI) y, en 1978, Herri Batasuna (HB), este último como coalición electoral.

Pertur, medio siglo sin noticias para su familia

Pertur nació en Donostia en 1950. En 1972, tras escapar de la policía en Bilbao, se exilió a Francia. Fue dirigente de ETApm, responsable de la Oficina Política y cerebro de la ponencia *Otsagabia*.

Pertur despareció el 23 de julio de 1976 cuando se dirigía a una cita en Iparralde. En el camino, el etarra se encontró con Miguel Ángel Apalategui, Apala, y con Francisco Mujika, Pakito, que se ofrecieron a llevarle en coche. Ambos pertenecían a los Bereziak de ETApm. El enfrentamiento entre la dirección de ETApm y los Bereziak se agudizó con motivo del secuestro del nacionalista Ángel Berazadi, el primer empresario asesinado por ETA. *Pertur* había propuesto que, tras obtener el rescate, le soltaran. Pero los Bereziak decidieron matarle. Además, fueron también los Bereziak quienes retuvieron contra su voluntad a *Pertur* dos meses antes de su desaparición para evitar que participara en una conferencia de cuadros de ETApm. Ante la demanda de explicaciones y la petición mayoritaria de que acudiera, le soltaron y, finalmente, pudo participar en la asamblea. Pero, de lo que sucedió aquel fatídico 23 de julio, lo único que se ha podido confirmar es el encuentro y su presencia en el coche.

Las diligencias practicadas en Francia terminaron con el sobreseimiento del caso a finales de 1977 porque, según el auto judicial, las investigaciones "no han permitido averiguar qué ocurrió, ni quiénes son los autores de los hechos de los que [*Pertur*] ha podido ser víctima". A pesar de las reivindicaciones de su secuestro y asesinato por parte de grupos armados de ultraderecha, desde 1978, la familia siempre ha sospechado de los Bereziak. Los milis respondieron a la familia insistiendo en que tales acusaciones eran una maniobra de la derecha española, basadas en sospechas, "carentes de prueba alguna". No obstante, a lo largo de estos cincuenta años, diversos medios de comunicación han publicado la carta que *Pertur* envió a su novia, Lourdes Auzmendi, días antes de desaparecer denunciando la actitud sectaria de la organización, como María Dolores González Katarain, Yoyes, asesinada por ETA, haría una década más tarde: "Estos bestias han creado un clima tal en la organización que ETA no es un colectivo revolucionario, sino un estado-policía donde cada uno sospecha del vecino y este del otro. Este clima influye no a todos por igual [...] En este sentido te digo que no estoy bien, en el sentido de zafarme de esa dinámica infernal de las conspiraciones, del infundio, de la mentira. De esa dinámica que tiende a eliminar rivales políticos no por medio del debate político, sino a través de sucias maniobras en nombre de la disciplina y la seguridad" (Villanueva, 2012). Treinta y dos años después, el juez instructor de la Audiencia Nacional, Fernando Andreu, admitió a trámite la querella presentada por Álvaro Moreno y Marta Bergaretxe para que se investigara la desaparición de su hijo. En ella se identificaban dos hipótesis: una imputaba la responsabilidad a los Bereziak y otra sostenía que la desaparición podía haber sido cometida por elementos integrados en los servicios policiales españoles, bien directamente, bien mediante mercenarios de organizaciones extremistas españolas o neofascistas italianos.

La instrucción se desarrolló durante cuatro años. La novia de *Pertur* declaró ante el juez que un exmiembro de ETA que había coincidido con *Apala* en Nicaragua le contó que fueron ellos "los que le habían secuestrado, le habían matado y le habían tirado al mar" (Viana, 2022). Pero no hubo manera de demostrar la veracidad de este relato. En 2012, el juez decretó el sobreseimiento provisional del caso. Concluyó que, a pesar del decidido empeño de su familia, "[...] no se desprenden indicios suficientes como para imputar a persona o personas determinadas como responsables de la desaparición" (cfr. Cátedra de Derechos Humanos y Poderes Públicos de la UPV, 2017: 27). En la actualidad, la familia aún continúa luchando para saber qué pasó con *Pertur*, quién estuvo implicado en su desaparición y dónde están sus restos.

Fuente: Elaboración propia.

Para profundizar en el caso *Pertur*, se recomienda la lectura de la novela de Iñaki Martínez, *Manto de silencio* (2025).

En esos años, la sociedad vasca enfrentó dos referéndums clave para la transición a la democracia, primero, el de la aprobación de la Constitución (1978) y, después, el del Estatuto de Autonomía de Gernika (1979). Las dos ETA discreparon respecto a qué postura había que adoptar frente a ellos. En el caso de la Constitución, los milis defendieron la abstención porque, a su juicio, la Carta Magna —a la que tachaban de española— no les concernía. Por su parte, los polimilis se identificaron públicamente con el voto en contra de EE, considerando que este podría permitir ampliar los márgenes de maniobra en la negociación de un estatuto nacional de autonomía. Respecto del Estatuto de Gernika, los polimilis se mostraron a favor, mientras que los milis se opusieron rotundamente porque lo percibían como una simple medida de descentralización que decretaba la negación del derecho a la autodeterminación, sancionaba la exclusión de Navarra, equiparaba euskera y castellano, garantizaba la permanencia de las fuerzas de seguridad españolas y atentaba contra los intereses de los trabajadores.

El 90% de la ciudadanía vasca que participó en el referéndum votó sí al Estatuto de Gernika y solo el 5% en contra. El 41% de los vascos se abstuvo, lo que HB quiso interpretar como una impugnación. Sin embargo, la cifra es ligeramente menor a la de la abstención en el referéndum sobre el Estatuto de Cataluña (40%) y mucho menor que la de Galicia, donde casi el 72% de la población se abstuvo, lo que confirma la tesis del historiador José Luis de la Granja de que el Estatuto de Gernika fue el que obtuvo "mayor respaldo popular de todos los estatutos de Comunidades Autónomas de los aprobados en referéndums desde la Transición" (cfr. Fernández Soldevilla y Jiménez Ramos, 2020: 97). No obstante, tras la celebración de los referéndums, las dos ETA continuaron haciendo un uso intensivo de la violencia.

1980, año de las primeras elecciones al Parlamento Vasco, se convirtió en el más cruento desde la muerte de Franco debido (aunque no solo) a las acciones de polimilis, de comandos autónomos (CCAA) y, sobre todo, de los milis. Para reforzar la posición negociadora a favor de un estatuto de autonomía que satisficiese sus aspiraciones políticas, ETApm incrementó su uso de la violencia con atentados selectivos de alto impacto como los cometidos contra intereses turísticos españoles o el secuestro o los atentados contra dirigentes de la Unión de Centro Democrático (UCD), que entonces gobernaba en España, lo que puso en serios aprietos a EE. Por tanto, la idea comúnmente aceptada de que los polimilis representaban a la "ETA blanda" y los milis a la "ETA dura" no se ajusta a la realidad. En total, las dos ramas de ETA y CCAA mataron casi a un centenar de personas, a razón de una cada tres días. Resulta paradójico que, mientras nueve de cada diez personas que participaron en el referéndum votaron a favor del Estatuto de Gernika y, con ello, a favor de la institucionalización de la democracia en Euskadi, la organización terrorista siguiera justificando su uso de la violencia como estrategia necesaria e inevitable para defender los intereses del pueblo vasco, arrogándose la representación del mismo. Así lo continuaron haciendo una parte muy significativa de sus activistas hasta el final de sus días, cometiendo el 95% de sus crímenes durante el periodo democrático, lo que demuestra que, bajo la máscara antifranquista que muchos le atribuyeron, se escondía un rostro profundamente antiespañolista y totalitario.

En los momentos en que se estaba fraguando el intento de golpe de Estado (23F, 1981) y se hablaba insistentemente de "ruido de sables" y de una posible involución política, el brazo político de ETApm pidió oficialmente el fin de la actividad armada. Un mes después y en medio de sus divisiones internas, los polimilis anunciaron una tregua indefinida sin contrapartidas políticas. Por contra, ETA militar aseguró que el 23F había sido una reafirmación interna de los aparatos del poder y expresaba su voluntad de proseguir con la violencia. Estaba convencida de que la tregua de los polimilis —impulsada por EE en connivencia con el Ministerio del Interior— perseguía, mediante la figura del arrepentido, el debilitamiento de ETA y de la izquierda *abertzale*.

En 1982, la VIII Asamblea se centró en el debate "lucha armada Sí/lucha armada No". Mientras, el sector definido como ETApm VII Asamblea renunció expresamente al uso de las armas, la autodenominada ETApm VIII Asamblea, una facción minoritaria, mostraba su decisión de seguir con la violencia, ya que creía que serviría para lograr el máximo desarrollo estatutario. Pero pronto este último grupo terminó desintegrándose, probablemente al ser consciente de sus escasas posibilidades de supervivencia. Muchos de ellos pasaron a las filas de los milis. La mayoría de los polimilis se reintegraron en la vida social, sin asumir, gracias a la política de reinserción, responsabilidades penales por los crímenes cometidos que han quedado impunes. Ni siquiera se escenificó ningún tipo de entrega de armas que quedaron en manos de ETAm. Ello significó la disolución definitiva de ETApm. Desde entonces, ETAm se identificó como la única ETA hasta su autodisolución en mayo de 2018. Periódicamente, algunos de los expolimilis denunciaron las amenazas de muerte que recibían de la organización, amenazas que, en determinados casos, se prolongaron hasta el final de ETA. Recuérdense las sufridas por quienes, como Mario Onaindia, terminaron en las filas del PSE-EE; fue el precio a pagar por su "traición" y sus "crímenes de lesa patria". Los polimilis

> [...] experimentaron una compleja evolución que les llevó desde la complicidad con el terrorismo al compromiso cívico con la paz, desde la visión instrumental de las instituciones (como una plataforma para destruir la "democracia burguesa" desde dentro) a la asunción del marco constitucional, desde el comunismo revolucionario a la socialdemocracia y desde el independentismo al autonomismo. Tal vez el hito de esta transición dentro de la Transición fuera su respaldo al Estatuto de Guernica de 1979, que fue considerado no solo la solución para el encaje de Euskadi en España, sino también la mejor manera de asegurar la convivencia de la muy plural sociedad vasca. A decir del parlamentario de EE Juan Mari Bandrés, se trataba de un "tratado de paz" que ponía punto y final al conflicto armado contra el "Estado" (Fernández Soldevilla, 2013: 97).

6. DE 'HÉROES' A 'TRAIDORES': LOS PEAJES DEL 'DESENCANTAMIENTO' CON LA VIOLENCIA

Tras los polimilis, no hubo más salidas colectivas. Estas tuvieron un carácter individual, fueron minoritarias y muy costosas. Desde principios de los ochenta, la creciente endogamia de ETA y su entorno no solo contribuyó a la intensificación de una visión maniquea de la realidad entre "Nosotros" (el pueblo vasco resistente) y los "Otros" (los enemigos, España y Francia, que pretendían aniquilar aquel), sino también a considerar parte del bando enemigo a quienes, habiendo militado en sus filas, habían decidido abandonarlas por su creciente militarismo. Cualquier tipo de disidencia hacía que su protagonista transitase rápidamente de la condición de héroe a la de traidor. Este era excluido de la comunidad *abertzale*, bien a través de la muerte simbólica o, incluso, de la aniquilación física, medidas utilizadas como mecanismo pedagógico ejemplarizante y como herramienta fortalecedora de las fronteras comunitarias.

A finales de la primera década de 2000 se abrió una nueva fase protagonizada por una veintena de presos que, tras procesos individuales de reflexión y de desmarque de ETA, decidieron acogerse a una alternativa de reinserción diseñada por el Gobierno socialista de Rodríguez Zapatero tras el fracaso de la última tregua (2006) y que cristalizó en la llamada Vía Nanclares. Aunque, en ningún caso, puede interpretarse como una desvinculación colectiva que generara una escisión en la organización, sí fue un proceso con una significativa dimensión grupal y que provocó una fuerte controversia en la organización y en su entorno político, lo cual explica su resonancia política y mediática y su trascendencia para la deslegitimación de la violencia.

SOLAUN Y *YOYES*: DOS EJEMPLOS PARADIGMÁTICOS DE LA EXPIACIÓN DE LA 'TRAICIÓN' EN LOS AÑOS OCHENTA

Mikel Solaun fue miembro de ETA en los sesenta. Tras ser encarcelado en la prisión de Basauri, logró fugarse con otros 14 etarras en 1970. Permaneció en Francia hasta que se aprobó la Ley de Amnistía (1977) y después volvió al País Vasco para rehacer su vida al margen de la organización. No obstante, a principios de los ochenta, ETAm le exigió que permitiese la colocación de unos explosivos en un edificio cuya construcción él dirigía y que estaba destinado a convertirse en viviendas para la Guardia Civil. De lo contrario sería considerado un traidor y tratado como tal. Solaun accedió, pero, ante la posibilidad de que se produjera una masacre, no conectó el artefacto y, además, dio un aviso telefónico, lo que permitió encontrar los explosivos. Tanto los miembros del comando como él mismo fueron detenidos. Fue acusado de colaboración con ETA y condenado a cuatro años de prisión que cumplió en la cárcel de Soria. Ante las palizas que recibió por parte de los milis tras ser acusado de "traidor", tuvo que ser protegido por otros presos. Finalmente, fue liberado por el riesgo que su vida corría. Pero no pudo marcharse de Euskadi. Fue asesinado el 4 de febrero de 1984 en un café en presencia de su mujer y de sus hijas (COVITE, 2025).

De la mano de José Miguel Beñarán, Argala, *Yoyes* se convirtió en la primera mujer en llegar a la cúpula de ETA militar en la segunda mitad de los setenta. Muy pocos años después, tras el asesinato de *Argala* por el Batallón Vasco Español (1978) y la deriva militarista de la organización durante los "años de plomo", decidió abandonarla discretamente y pasó seis años en México

(1979-1985) donde estudió y tuvo un hijo, mientras su pareja permanecía en Euskadi. Un año después de su retorno, en octubre de 1986, María Dolores fue asesinada a tiros por José Antonio López, Kubati, en presencia de su hijo de corta edad durante las festividades de Ordizia, su pueblo natal. El atentado se produjo tras sufrir un duro proceso de acoso y de estigmatización con pintadas donde se podía leer "*Yoyes*, chivata", "*Yoyes*, traidora" o "*Yoyes* estás muerta". ETA publicó un comunicado en el que la acusaba de traicionarse a sí misma y al pueblo vasco. Y también lo hicieron algunos militantes de la izquierda *abertzale*: "La libertad del militante tiene grandes limitaciones por él mismo aceptadas y autoimpuestas, ya que se debe a un colectivo, a sus decisiones democráticamente aceptadas [...] Su abandono público conlleva la colaboración con el enemigo [...]" (cfr. Sáez de la Fuente, 2002: 174). Ante el cerco al que se sentía sometida, *Yoyes* renegaba en su diario del maniqueísmo de la oposición héroe-traidor y de la manipulación y deshumanización de su figura por parte de ETA. Asimismo, denunciaba con dureza su espiral violenta:

> [...] La gente crea mitos para bendecir o condenar [...] En ese mito, la persona de carne y hueso que es su sustrato, no existe más que como tal sustrato, no es humana [...] ¿Cómo voy a apoyar a un HB convertido en payaso de un militarismo de corte fascista? ¿Cómo me voy a identificar con dirigentes que lo único que hacen es aplaudir los atentados de ETA y pedir más muertos? [...]" (Yoyesen Lagunak, 1996: 64, 66-67 y 70).

El asesinato conmocionó a la opinión pública, estimuló la incipiente movilización popular contra la violencia e hizo que sus amigos, algunos expolimilis, alzasen su voz contra el atentado.

EL CAMINO HACIA NANCLARES

Ninguno de sus participantes se identificaba con la expresión "Vía Nanclares". Les parecía reduccionista porque restaba importancia a los largos y complejos procesos de introspección y de autocrítica que cada uno había experimentado al calor de hechos sucedidos mientras se encontraban en prisión y que siempre fueron previos a su traslado a la cárcel alavesa de Nanclares de Oca.

Los terribles atentados de Hipercor en Barcelona, que provocó 21 víctimas mortales y 45 heridas, y contra la casa cuartel de Zaragoza, que causó 11 muertos, 6 menores de edad, ambos en 1987, generaron en algunos miembros del colectivo de presos de ETA dudas respecto de la conveniencia de continuar con la "lucha armada", que se agravaron tras el fracaso de las conversaciones de Argel entre el Gobierno español y ETA para buscar una salida a la violencia (1989). Según Humberto Unzueta, Argel se convirtió en un proceso fallido en parte por la ausencia en ETA de una cultura política negociadora y porque la organización se reafirmó en su opción por la violencia, cerrando cualquier posibilidad de debate interno cuando las heridas de la ruptura entre milis y polimilis aún sangraban (2016: 42-43).

Después del descabezamiento de la cúpula terrorista en Bidart (1992), la organización y su entorno realizaron una auténtica huida hacia delante que recibió el nombre de "socialización del sufrimiento". Mediante esta estrategia, ETA ampliaba el espectro de víctimas potenciales más allá de las Fuerzas y Cuerpos de Seguridad del Estado, incluyendo a miembros de partidos políticos no nacionalistas, jueces, periodistas e intelectuales no afines, etc. Y, a su vez, la izquierda *abertzale* y, especialmente, su sector juvenil, contribuía a esta estrategia de acoso e intimidación mediante un uso intensivo de la violencia callejera (*kale borroka*). Con ello se pretendía que aquellos sectores de la población que habían vivido la violencia como algo relativamente ajeno, limitado al enfrentamiento entre la organización y la policía, lo sintieran en carne propia y presionaran al Estado para que negociase con ETA. El secuestro y asesinato del concejal del Partido Popular (PP) en Ermua Miguel Ángel Blanco (1997) fue decisivo para la movilización contra la violencia en la sociedad vasca. Por primera vez en su historia, las *herriko tabernas* (sedes de HB) tuvieron que ser protegidas por la Ertzaintza de la furia de una ciudadanía conmocionada. Miembros y exmiembros de la coalición *abertzale* subrayan:

> Digamos que aquello no fue como la caída del Muro de Berlín, que de repente se derrumbó y nadie se lo esperaba. Pero, evidentemente, todo lo que sucedió aquellos días abrió un debate muy intenso [...] es lamentable decirlo, pero sorprendió más la reacción ciudadana que la acción en sí [...] [la estrategia fue] [...] mantener prietas las filas (cfr. Guadilla, 2022).

Aunque la mayoría de los presos celebraron el asesinato, este sí que aceleró la disidencia de algunos, incluso de militantes destacados de la organización y de su cúpula. Un mes después de la muerte de Blanco, los presos de ETA Kepa Pikabea, Rosario Pikabea y José Luis Álvarez Santacristina, Txelis, mostraron sus discrepancias con el uso de la violencia y alimentaron el debate interno mediante una carta dirigida a sus compañeros de la izquierda *abertzale*. El documento —que provocó su expulsión de la organización— mantenía la retórica habitual de la íntima relación entre conflicto político y conflicto violento, pero incluía reflexiones críticas sobre la idoneidad ética y estratégica de continuar con el uso de la violencia. Sus autores subrayaban que ni el Estado ni ETA "mostraban signos de humanidad" y que tanto la "lucha armada" como la *kale borroka* provocaban un alto costo humano éticamente injustificable que, además, era rechazado por la inmensa mayoría de la sociedad vasca. Proponían una tregua duradera por parte de ETA, la búsqueda de alianzas entre fuerzas políticas y organizaciones *abertzales* en favor del derecho a la autodeterminación —lo que luego se materializó en el Pacto de Estella (1998)— y la realización de acciones de desobediencia civil y de resistencia no violenta. Pero el texto no incluía referencia alguna a las víctimas ni al arrepentimiento o al daño injustamente causado.

Acerca de nuestra estrategia *abertzale*, 1997

Las reflexiones que ofrecemos [...] son [...] críticas y autocríticas, ya que todos tenemos alguna responsabilidad con la triste realidad de ayer y de hoy. [...] estas líneas [...] quieren ser una aportación sencilla y honesta al profundo debate público que toda la Izquierda *Abertzale* –y [...] el resto de sectores políticos y sociales de Euskal Herria– debe iniciar sin más demora.

[...] observamos que se recrudece día a día la dureza del enfrentamiento armado, que no muestra por parte de nadie, ni por parte del Gobierno y sus subordinados, ni por parte de ETA, ningún signo de humanidad. [...] las consecuencias de la lucha armada de ETA son también estremecedoras [...] Las consecuencias de los sabotajes de la llamada *"kale borroka"* (lucha en la calle) son muy graves y con frecuencia injustificables. [...] Para expresar las ideas principales que queremos exponer nos limitaremos [...] a destacar tres constataciones principales: 1) Los poderes españoles están sacando desde hace tiempo una importante rentabilidad política y social al conflicto armado en perjuicio del presente y futuro de nuestro pueblo. 2) El balance del coste humano y político fruto de la lucha armada es muy alto, toda vez que la falta de un clima de distensión crea unas barreras infranqueables para encaminar una solución política negociada. 3) La lucha armada de ETA está conociendo mayor desprestigio político y social que nunca: últimamente estamos viendo y oyendo el rechazo y la reprobación cada vez más contundente de una mayoría amplísima de nuestro Pueblo. [...] el que defiende (y, de una u otra manera, también impone) la necesidad de estar dispuesto a pagar y hacer pagar cualquier precio por conseguir los objetivos estratégicos no se da cuenta de que con esa actitud deforma los propios objetivos, los lleva hacia la degeneración, en la medida en que los valores ético-políticos en los que se fundamentan [...] se debilitan y empobrecen, tanto en la percepción y sentimiento de la sociedad como objetivamente. Que quede claro que lo que aquí está en cuestión no es si un Pueblo, y concretamente Euskal Herria, tiene derecho o no a defenderse con armas frente a un Estado que le ataca con armas. Pues está claro que es un derecho innegable para cualquier pueblo, y por tanto también para Euskal

Herria. Otra cuestión es quién, cuándo y cómo puede valerse de ese derecho, es decir, quién y cómo puede tomar una decisión de este alcance y en qué condiciones y con qué criterios éticos y políticos se debería llevar a cabo. [...] ¿se puede decir de verdad que la lucha armada ha sido beneficiosa en el camino de la liberación de nuestro Pueblo? Creemos que no [...] se nos está convirtiendo en un obstáculo para conseguir la unidad entre abertzales y, por tanto, para hacernos con unos mayores niveles de autogobierno para llevar adelante una lucha unitaria y verdaderamente efectiva a favor de la autodeterminación. [...] Nos guste o no, su voluntad [pueblo] es absolutamente clara a este respecto; no quiere más lucha sangrienta, como no quiere tampoco más opresión nacional ni social.

[...] Hoy no se puede plantear la lucha contra el Estado español en parámetros político-militares, porque la relación de fuerzas es totalmente desproporcionada [...] Una tregua duradera sería el gesto más adecuado y fructuoso, sin duda alguna. [...]

Euskal Herria está dividida. Dividida por Madrid y París, sí, pero también muestra una ruptura interna y unas heridas profundas causadas por la ignorancia y la cerrazón de los propios vascos [...] ¿No se podría lograr un consenso amplio a favor del derecho a la autodeterminación, entre diversos partidos y colectivos o distintas plataformas, junto con numerosos conciudadanos?

Fuente: Cfr. Unzueta (2016: 263-278).

ACTIVIDAD 5

En el documento anterior, los autores hacen distintos cuestionamientos al uso de la violencia. Algunos son puramente instrumentales y otros incluyen consideraciones éticas:

- ¿Cuáles son los argumentos estratégicos y cuáles los éticos?
- ¿Crees que se contraponen o se refuerzan mutuamente?
- En definitiva, ¿cuáles son las fortalezas y debilidades de los diferentes argumentos para la deslegitimación de la violencia?

Poco tiempo después, Joseba Urrusolo Sistiaga, Carmen Guisasola, Kepa Pikabea y otros 15 presos de ETA publicaron el comunicado "Nos ilusiona lo de Irlanda" (1998). Esta glosa del proceso irlandés no contenía ningún tipo de crítica al uso de la violencia. Sus reflexiones se centraban en el potencial de aplicación del modelo de negociación irlandés al País Vasco. No se movían ni un ápice del esquema nacionalista sobre el derecho de autodeterminación que, unos meses después, se reflejaría en el Pacto de Estella-Lizarra entre partidos y sindicatos nacionalistas e Izquierda Unida (IU), que puso las bases para la tregua del 98 y que, de hecho, excluía a aquellos vascos que no se consideraban nacionalistas. El comunicado destacaba el papel que los presos de la organización deberían tener en esa nueva etapa, sin dejarse instrumentalizar por nadie (cfr. Unzueta, 2016: 282-283).

La ruptura de la tregua de Lizarra hizo que el desánimo cundiera entre los presos disidentes. Ese desánimo se transformó en enfado y rabia cuando ETA decidió acabar con la última posibilidad de una salida negociada con la explosión en la T4 del aeropuerto de Madrid-Bajaras, el 30 de diciembre de 2006, atentado en el que murieron dos inmigrantes ecuatorianos. Ello llevó a que *Txelis* y Pikabea firmaran una carta (2007) donde, retomando claves expresadas en "Acerca de nuestra estrategia *abertzale*", se desvinculaban de la disciplina del EPPK, convirtiéndose en los dos primeros presos en hacerlo: "[...] en adelante nos apartamos del Colectivo y, por tanto, no participaremos en sus iniciativas ni compartiremos sus normas de funcionamiento. Seguiremos nuestro propio camino. [...] no estamos de acuerdo con la estrategia política-armada que se ha impuesto; ya que, desde hace tiempo, creemos que ninguna estrategia armada puede ofrecer una solución sensata al conflicto político que vive Euskal Herria. Hace años llegamos a esta conclusión por motivaciones políticas, sociales y éticas muy fuertes. [...]" (cfr. Unzueta, 2016: 287). Mientras su entorno político buscaba pasar el filtro de la Ley de Partidos (2002) para conseguir su legalización, ETA mantenía un férreo control en las cárceles para evitar que sus presos se acogieran a la legalidad penitenciaria. Frente a las acusaciones del Colectivo de Presos de que *Txelis* y Pikabea sembraban la división entre los presos y colaboraban con instituciones penitenciarias, Joseba Urrusolo y Carmen Guisasola salieron en su defensa y también declararon su intención de desvincularse del EPPK (2008), pero, de nuevo, sin explicitar arrepentimiento por el daño injustamente causado.

Mientras, el Gobierno de Rodríguez Zapatero incrementó sus esfuerzos en materia penitenciaria para favorecer el desmarque expreso de ETA y la reinserción individual de sus presos. A ella se acogieron un grupo de unos 25 reclusos que ya venían madurando su postura. A pesar de sus diferencias, tenían como mínimo común denominador una posición crítica respecto de la violencia que habían ejercido y que culminó con el reconocimiento explícito del daño injustamente causado. Primero se les acercó a cárceles próximas a Euskadi como Zuera (Zaragoza), Villabona (Asturias) y Logroño. Posteriormente, solicitaron por escrito su acercamiento a Nanclares de Oca (Álava), algunos a Martutene (Gipuzkoa) y otros a Basauri (Bizkaia).

Carta de Carmen Guisasola que permite su traslado a Nanclares de Oca

Zuera, marzo de 2010

Yo, Carmen Guisasola Solozabal,

Considero que hay que construir un nuevo tiempo. Hemos vivido demasiados años sumergidos en una espiral de violencia que solo está sirviendo para generar dolor y sufrimiento. Y que está impidiendo que las legítimas reivindicaciones que defiendo puedan ser una realidad.

Entre todos, cada uno de nosotros, tendremos que tratar de reparar ese dolor y sufrimiento. En consecuencia, quiero reconocer el daño causado a las víctimas inocentes durante mi anterior actividad, tratar de compensarlas en la medida de mis posibilidades, y confirmar mi salida de dicha actividad.

Ha llegado el momento de iniciar una nueva etapa en la que la consecución de cualquier objetivo legítimo tendrá que alcanzarse únicamente por medios pacíficos, democráticos, y considero por tanto ilegítima la legitimación de la violencia.

En consecuencia con todo lo anteriormente expuesto, manifiesto mi voluntad y mi compromiso para contribuir en la medida de mis posibilidades en la construcción de esa nueva Euskadi en paz, libertad y convivencia.

Fuente: Cfr. Unzueta (2016: 280).

ACTIVIDAD 6

- ¿Cuáles son los principales argumentos con los que Guisasola cuestiona el uso de la violencia?
- ¿Qué similitudes y qué diferencias detectas respecto de las cartas y comunicados anteriores?
- ¿Cómo se refiere a las víctimas y qué lugar ocupan en su planteamiento?

La mayoría de los antiguos activistas de ETA, presos o ya fuera de la cárcel, se han mantenido fieles a la ortodoxia de la organización. Los representantes de la Vía Nanclares solo representan alrededor del 4% del total. Ello puede deberse a que muchos militantes, orgullosos de su pasado, siguen convencidos de la validez del uso de la violencia para perseguir sus objetivos políticos. Pero también ha influido la férrea disciplina impuesta durante décadas por el EPPK para desactivar la reflexión crítica y cualquier tentativa de disidencia. Ahí jugaron un rol trascendental los abogados de la izquierda *abertzale* que, en la práctica, funcionaron como una auténtica correa de transmisión de las directrices de ETA, amparándose en el secreto profesional: "[...] son ellos quienes dan luz verde a las huelgas de hambre, activan los encierros en las celdas en protesta por la política penitenciaria y prohíben a los presos hablar con los funcionarios" (Terradillos, 2016: 121).

El Colectivo de Presos y sus abogados no solo decían a los activistas encarcelados qué debían y qué no debían hacer, sino también qué tenían que pensar, proporcionándoles una visión sesgada sobre lo que estaba ocurriendo en la sociedad vasca y manteniéndoles aislados de otras personas que pudiesen despertar en ellos dudas o reflexiones críticas. A cambio de respetar esta disciplina ideológica y estratégica, el EPPK les proporcionaba distintos tipos de ayudas que les otorgaban cierta seguridad. Por ejemplo, contribuir a sufragar los viajes de los familiares a las cárceles, asesorarles legalmente, darles una ayuda económica mensual, organizar actos en su homenaje como héroes-mártires y buscarles una salida laboral una vez que habían cumplido condena. Este último era un problema especialmente complejo porque muchos presos de ETA tenían poca experiencia laboral y escasa cualificación profesional debido a la temprana edad con la que se vincularon a la organización o fueron detenidos y encarcelados. Además, si seguían las directrices del EPPK, no podían participar en los talleres formativos de las cárceles.

Los presos disidentes se enfrentaban a una dificultad añadida. No solo tenían los mismos problemas que todos los presos de ETA —también por haber colocado permanentemente en la diana al empresariado vasco—, sino que perdían cualquier tipo de apoyo de la izquierda *abertzale* para encontrar alternativas de empleo en su propio entorno. "Esta fue una de las primeras batallas ganada por los de Nanclares [...] Ellos decidieron formarse y dejar de ser personas dependientes. Por eso fueron castigados y ETA les cortó el apoyo económico que antes recibían. Perdieron el dinero, pero pasaron de ser herramientas en manos de ETA a cotizantes para el Estado" (Terradillos, 2016: 197 y 199). La conversión de héroes en traidores también afectó a las familias de los disidentes. Eso sí, de manera distinta si estas era afines al entorno *abertzale* o si no lo eran. En el primer caso, tendían a repudiar a sus vástagos, a los que nunca habían visto como terroristas; siempre serían unos patriotas ejemplares, dispuestos a sacrificarlo todo por la libertad del pueblo vasco. En el segundo, sufrieron el ostracismo social, especialmente grave e intenso en municipios pequeños muy controlados por la izquierda *abertzale*.

Los representantes de la Vía Nanclares contribuyeron a la deslegitimación de la violencia al reconocer el daño injustamente causado y al pedir perdón a las víctimas. No obstante, también es importante considerar los límites de sus planteamientos y acciones. Mientras que en unos casos bajo el desmarque de la violencia subyacían argumentos éticos basados en el reconocimiento de la dignidad y los derechos humanos, en otros persistían tentaciones utilitaristas que no contribuyen a la deslegitimación de la violencia. Quedaba en ellos un peligroso poso instrumental que hacía uso del "ayer sí, pero hoy no toca", cuando se alegaba como mecanismo justificador de lo que se hizo en el pasado, que era "el contexto político el que explica y que hoy la violencia carece de sentido [...] Sigo pensando que en aquel momento hice lo que era correcto [...]" (cfr. Terradillos, 2016: 137). Además, fueron muy pocos los que asumieron sus responsabilidades civiles —declarándose, con frecuencia, insolventes— y, menos aún, los que han colaborado con la justicia para ayudar a esclarecer atentados o asesinatos sin autoría. La delación de otros compañeros de la organización terrorista se ha presentado siempre como un muro infranqueable; a pesar de todo, ninguno quiere ser considerado un chivato. Pero las víctimas insisten en que no puede haber un arrepentimiento real si los disidentes, que tienen información, que puede contribuir a los derechos a la verdad, a la justicia y a la reparación aún pendientes para muchos damnificados por la violencia, no la proporcionan a la policía y a los jueces.

Carta de Amaya Fernández (expresidenta del PP en Euskadi) a Carmen Guisasola

23 de mayo de 2018

[...] Sé muy bien que hoy te posicionas en contra del terrorismo y que incluso has llegado a pedir a ETA y a su mundo que reconozcan la injusticia del asesinato selectivo de seres humanos. Creo que es bueno que lo hagas; pero también, como demócrata que soy, me veo en la obligación de aprovechar el altavoz de la política para exigir a quienes un día fueron miembros de ETA y hoy se arrepienten de ello que las palabras vayan acompañadas de hechos. Dicho de otro modo: que el arrepentimiento, importante, no sea una mera pose y vaya acompañado de la colaboración con las autoridades en el esclarecimiento de asesinatos no resueltos. El arrepentimiento favorece a quien se arrepiente. La colaboración con las autoridades y con la Justicia resarce a las víctimas y a la sociedad. [...]

Manuel (Policía Nacional) fue al frontón de Arrigorriaga a jugar un partido en abril de 1986. En un momento dado se cansó y se sentó en las gradas. Fue entonces cuando un hombre y una mujer se le acercaron por detrás y le dispararon en la nuca. Un testigo dijo que fue ella la que disparó. Huyeron en un taxi robado en el que los investigadores policiales encontraron las huellas del etarra Julián Achurra Egurola. El sumario de Manuel refleja que colaboradores de ETA te ubicaron alojada en un piso de la calle San Francisco de Bilbao junto con Julián Achurra Egurola desde el 3 de mayo de 1986 —Manuel fue asesinado el 20 de mayo— hasta noviembre de ese año. La persona que te alojó en el piso dijo además en sede judicial que os oyó reconocer el asesinato. Nunca has hablado al respecto. Carmen, ¿quién mató a Manuel?

Han pasado muchos años desde que anunciaste tu arrepentimiento, desde que dejaste la disciplina de ETA. Pero en todos estos años las familias de las personas a las que ETA asesinó mientras tú estabas en la banda siguen esperando no solo Justicia, sino la verdad de lo que sucedió. El arrepentimiento es un paso importante, pero de poco sirve si este va acompañado de un silencio cómplice con crímenes terroristas. De la misma manera que la disolución de ETA no disuelve su responsabilidad, la petición de perdón por el terrorismo causado no exime a nadie de su responsabilidad con las víctimas del terrorismo. [...]

Fuente: Fernández (2018).

ACTIVIDAD 7

Ponte en el lugar y en el contexto de Carmen Guisasola. ¿Cómo responderías a la carta de Amaya Fernández?

Los disidentes no querían verse a sí mismos como parte de un colectivo, ya que ello podía despojarles de capacidad de agencia individual, tal y como se habían sentido durante años bajo la férrea dictadura del EPPK. No obstante, algunos emitieron, a partir de 2010, varios comunicados públicos bajo el nombre de Presos comprometidos con el Irreversible Proceso de Paz, entre ellos el que se produjo unos meses antes de la declaración de alto el fuego definitivo por parte de ETA. En él, se insistía en la necesidad de acabar con la "lucha armada" y demandaban libertad para los presos que quisieran acogerse a la vía de la reinserción y reclamar beneficios penitenciarios. También se mencionaba expresamente a las víctimas y su reconocimiento-reparación, aunque seguían siendo consideradas como "consecuencias del conflicto".

Pasos en el irreversible Proceso de Paz

Después de los anteriores intentos frustrados de solucionar el conflicto en Euskal Herria, después de muchos años planteando la necesidad de poner fin a la lucha armada y de avanzar por vías exclusivamente pacíficas y democráticas, algunos hemos empezado a dar pasos concretos en ese sentido y queremos hacerlo de la mejor manera posible como aportación a la búsqueda de una solución global. [...]

Hasta ahora el Colectivo de Presos EPPK ha funcionado de tal manera que para un preso político solo había dos opciones: pertenecer al Colectivo o el Abismo, con unas consecuencias que no solo repercutían en el que estaba preso sino también en sus familiares y en su entorno. No tratamos de posicionarnos en contra de los que están en el Colectivo, nada más lejos de la realidad. Solo queremos que se respete a los presos que, estén en el EPPK o no, quieran posicionarse en ese proceso irreversible de paz y dar pasos concretos sin tener que enfrentarse al abismo, a las calumnias ni a las descalificaciones.

También hay que plantear el tema de las víctimas y el reconocimiento-reparación de los daños causados. [...] debemos asumirlo como un acto de reconocimiento a las consecuencias del conflicto [...] hay que empezar a abrir espacios de entendimiento y acercamiento entre las personas para facilitar la comunicación que ayude a crear un clima favorable a la superación de las heridas creadas por tantos años de conflicto.

Fuente: Cfr. *Deia* (2010).

Precisamente, un sector de los presos disidentes dio un paso más y participó en encuentros restaurativos con víctimas de la violencia de ETA. Dichos encuentros fueron una consecuencia de la petición que el grupo de Presos comprometidos con el Irreversible Proceso de Paz había realizado a la dirección de la cárcel y a instituciones penitenciarias. Querían estar cara a cara con las víctimas y querían conocer en profundidad el sufrimiento que habían provocado ellos o la organización bajo cuyo paraguas habían atentado contra otras personas. Los presos que participaron no recibieron a cambio beneficio penitenciario alguno y ello, pese a interpretaciones políticas y mediáticas interesadas, evitó cualquier tentación de instrumentalización (Pascual, 2013: 2077-278).

Dos años después de la declaración de alto el fuego por parte de ETA (2011), el EPPK emitió un comunicado. No renunciaba al paralenguaje de ETA y de su entorno ni a su perversa obsesión por verse como víctimas y por entender la violencia como una mera consecuencia inevitable del conflicto político. Sin embargo, se mostraba dispuesto a que los presos siguieran las vías legalmente establecidas para facilitar las progresiones de grado y la obtención de beneficios penitenciarios: "[...] podríamos aceptar que nuestro proceso de vuelta a casa —nuestra excarcelación y de manera prioritaria nuestro traslado a Euskal Herria— se efectuasen siguiendo los cauces legales aun cuando ello para nosotros implícitamente conlleve la aceptación de la condena" (Aizpeolea, 2013). Por supuesto, lo hicieron por puro tacticismo, al darse cuenta de que se quedaban sin alternativas, y no por convicción ética. Tres años después, en 2016, en un encuentro de 600 expresos en Usurbil (Gipuzkoa), el colectivo renunció expresamente a la petición de una salida colectiva (amnistía) y mantuvo la aceptación de legalidad penitenciaria, recordando cuáles eran los límites infranqueables: el arrepentimiento y la delación. Por paradójico que resulte, terminaron asumiendo aquello por lo que los presos disidentes de Nanclares fueron tachados de traidores y condenados al ostracismo. Salvo en grupúsculos minoritarios de la izquierda *abertzale*, nadie les juzgó así y, de hecho, cuando empezaron a salir de la cárcel fueron recibidos como héroes. Del proceso de reinserción solo se desmarcó el Movimiento Pro Amnistía y contra la Represión (ATA), que envió una carta a los presos en la que les recordaba que no se les podía exigir la aceptación de la legalidad penitenciaria ni la renuncia a su lucha y militancia (Gorospe, 2016).

CONCLUSIÓN

Aunque ETA nació durante el franquismo, no fue esencialmente una organización antifranquista. Desde sus orígenes, defendió un proyecto político antiespañolista. Lo que le permitió la dictadura fue promocionar su imagen y ganar apoyos. Por eso, las periódicas controversias internas se saldaron siempre con la salida de aquellos sectores tachados de "liquidacionistas" que cuestionaban su ultranacionalismo.

No mató hasta 1968, pero la violencia formó parte de su ADN desde su gestación y, por supuesto, cuando todavía solo fantaseaba con aplicar a Euskadi la espiral *acción/represión/acción*. La concepción casi fetichista de la violencia hizo que rápidamente esta dejara de ser un medio para convertirse en un fin en sí mismo intensificando su rigidez y jerarquía que, poco a poco, le fue aislando del conjunto de la sociedad y limitando su esfera de influencia a la izquierda *abertzale*. Durante generaciones, la épica heroica y sacrificial funcionó como caldo de cultivo socializador de aquellos jóvenes para quienes estar dispuestos a perder la vida ("morir por Euskal Herria") era una mezquina pero eficaz coartada ideológica para asesinar sin ningún tipo de objeción ética ("matar por España").

Pese a la fascinación colectiva con la violencia, a lo largo de sus 50 años de historia se reprodujeron debates tanto dentro de la organización como en su entorno político sobre el papel que esta debía tener. Tras la controversia inicial y hasta la salida de ETApm, ninguno de esos debates cuestionó la legitimidad de la violencia, sino más bien el lugar que debía ocupar en la estrategia global del movimiento especialmente cuando la llegada de la Transición permitía articular luchas en el terreno político y social. En esos debates ganaron siempre las opciones más militaristas, generando rupturas y provocando la salida de quienes las cuestionaron.

Después de los polimilis, no hubo más desmarques colectivos. Y los individuales se pagaron caros, con el ostracismo, las amenazas e, incluso, la muerte. La demonización de cualquier tipo de disidencia y la conversión del héroe en hereje o traidor fortalecieron, durante décadas, el sentido de pertenencia: el *gudari* se transformaba en arrepentido, dejaba de ser etarra y buen vasco y pasaba a integrar el bando enemigo. No obstante, fue precisamente en la cárcel, lugar de resistencia y de lucha férreamente controlado por el EPPK, donde, al compás de las continuas y mortíferas huidas hacia delante de ETA, fructificaron algunas disidencias individuales, primero estratégicas y luego éticas, que terminaron revistiéndose de un cierto sentido grupal. Ahora, la realidad es otra. Paradójicamente, para la minoría resistente de presos y exreclusos de la banda, hoy son Sortu y EH Bildu los traidores porque, al aceptar la legalidad y reconocer ante la justicia que los *ongi etorris* humillan a las víctimas, han asumido "la verdad del enemigo".

BIBLIOGRAFÍA

AIZPEOLEA, Luis R. (2013): "El colectivo de presos de ETA reconoce el daño causado y la legalidad penitenciaria", *El País*, 29 de diciembre, https://n9.cl/gr4dal.

ALCEDO, Miren (1996): *Militar en ETA*, San Sebastián, Haranburu.

ARANZABAL, L. (2023): "Las víctimas piden a la izquierda abertzale que deje de celebrar el Gudari Eguna porque 'legitima a ETA'", *Crónica Vasca*, 27 de septiembre, https://n9.cl/q5wrgo.

ARRIAGA, Mikel (1997): *... Y nosotros que éramos de HB. Sociología de una heterodoxia abertzale*, San Sebastián, Haranburu.

AULESTIA, Kepa (1998): *HB: crónica de un delirio*, Madrid, Temas de Hoy.

BILBAO, Galo (2009): *Jano en medio del terror: la inquietante figura del victimario-víctima*, Bilbao, Bakeaz.

BILBAO, Galo y SÁEZ DE LA FUENTE, Izaskun (2020): *Por una (contra)cultura de la reconciliación*, Barcelona, Cristianismo y Justicia.

BOE (2011): Ley de Reconocimiento y Protección Integral a las Víctimas del Terrorismo, https://n9.cl/td702r.

BRUNI, Luigi (1992): *ETA, historia política de una lucha armada*, Tafalla, Txalaparta.

CÁTEDRA DE DERECHOS HUMANOS Y PODERES PÚBLICOS DE LA UPV (2017): *Informe sobre el caso Pertur: estado actualizado de la cuestión*, Vitoria-Gazteiz, Secretaría de Derechos Humanos, Convivencia y Cooperación.

COVITE (2025): "Mapa del terror", https://n9.cl/1ul5d.

DE PABLO, Santiago; MEES, Ludger y RODRÍGUEZ RANZ, José Antonio (eds.) (2001): *El péndulo patriótico. Historia del Partido Nacionalista Vasco II (1936-1979)*, Barcelona, Crítica.

ETA (1962): *Zutik*, abril.

— (1963): *Cuadernos*, nº 20.

— (1968): *Zutik*, nº 50.

— (1979): *Documentos Y*, vols. I-XVIII, San Sebastián, Hordago.

FERNÁNDEZ, Amaya (2018): "A la atención de Carmen Guisasola", Partido Popular.

FERNÁNDEZ SOLDEVILLA, Gaizka (2013): "El precio de pasarse al enemigo. ETA, el nacionalismo vasco radical y la figura del traidor", *Cuadernos de Historia Contemporánea*, vol. 35, pp. 89-110.

— (2016): *La voluntad del gudari. Génesis y metástasis de la violencia de ETA*, Madrid, Tecnos.

— (2021): "ETA en la dictadura y en la Transición", en Rafael Leonisio, Fernando Molina y Diego Muro (eds.), *ETA. Terror y terrorismo*, Madrid, Marcial Pons.

FERNÁNDEZ SOLDEVILLA, Gaizka y JIMÉNEZ RAMOS, María (coords.) (2020): *1980. El terrorismo contra la Transición*, Madrid, Tecnos.

Fernández Soldevilla, Gaizka y De Pablo, Santiago (2024): *Las raíces de un cáncer. Historia y memoria de la primera ETA*, Madrid, Tecnos.
Gorospe, Pedro (2016): "El colectivo de presos de ETA acepta permisos individuales, pero sin arrepentirse", *El País*, 27 de diciembre, https://n9.cl/sndxy.
Guadilla, David (2022): "La izquierda *abertzale* ante el crimen de Miguel Ángel Blanco: silencio cómplice y primeras grietas", *El Correo*, 8 de julio, https://n9.cl/o9ogn.
Gurrutxaga, Ander (1996): *Transformación del nacionalismo vasco. Del PNV a ETA*, San Sebastián, Haranburu.
Ibáñez, José Luis (2013): *El franquismo*, Madrid, Sílex Ediciones.
Krutwig, Federico (1963): *Vasconia. Estudio dialéctico de una nacionalidad*, México, Ediciones Vascas.
Martínez, Iñaki (2025): *Manto de silencio*, Madrid, Alt. Autores Servicios Editoriales S.L.
Merino, F. Javier (2011): *La izquierda radical ante ETA. ¿El último espejismo revolucionario en Occidente?*, Bilbao, Bakeaz.
Pascual, Esther (coord.) (2013): *Los ojos del otro. Encuentros restaurativos entre víctimas y exmiembros de ETA*, Santander, Sal Terrae.
Presos Comprometidos con el Irreversible Proceso de Paz (2010): "Pasos en el irreversible proceso de paz", *Deia*, 16 de mayo, https://n9.cl/ufz54h.
Sáez de la Fuente, Izaskun (2002): *El Movimiento de Liberación Nacional Vasco, una religión de sustitución*, Bilbao, DDB.
— (ed.) (2017): *Misivas del terror. Análisis ético-político de la extorsión y la violencia de ETA contra el mundo empresarial*, Madrid, Marcial Pons.
Saiz-Pardo, Melchor (2021): "Los presos de ETA se comprometen a acabar con los homenajes públicos", *El Correo*, 29 de noviembre, https://n9.cl/anr47d.
Terradillos, Ana (2016): *Vivir después de matar. Los terroristas de ETA que dejaron las armas cuentan por primera vez su historia*, Madrid, La Esfera de los Libros.
Unzueta, Humberto (2016): *Nanclares vis a vis. Cara a cara con la disidencia de ETA*, Donostia-San Sebastián, Erein.
Viana, Israel (2022): "Tras el misterio de Pertur, el disidente de ETA que desapareció sin dejar rastro en 1976", *ABC*, 13 de junio, https://n9.cl/hdg67.
Villanueva, Nati (2012): "'Pertur' o el secreto mejor guardado de ETA", *ABC*, 22 de septiembre, https://n9.cl/povhk7.
Vlex (2017): Sentencia del Tribunal Supremo, 4/2017, 18 de enero.
Yoyesen Lagunak (eds.) (1996): *Yoyes, 1986-1996*, San Sebastián.

CATARATA

Deusto
Centro de Ética Aplicada
Etika Aplikatuko Zentroa

IZASKUN SÁEZ DE LA FUENTE ALDAMA

Deustuko Unibertsitateko Etika Aplikatuko Zentroko irakaslea eta ikertzailea da. Zientzia Politikoetako eta Soziologiako doktoregoa (Zientzia Politikoetako espezialitatean) eskuratu zuen Euskal Herriko Unibertsitatean 2001ean, *El Movimiento de Liberación Nacional Vasco, una religión de sustitución* (2002) izenburuko tesiarekin. Gatazkei eta bake kulturei buruzko ikerrildoan, Euskadiko motibazio politikoko indarkeriari lotutako prozesu sozial, politiko eta kulturalak aztertzen ditu, motibazio etiko-politiko argiarekin, biktimei leku nagusia emanez. 2018an sortu zenetik, Euskadiko Memoriaren, Historiari buruzko Hezkuntzaren eta Bakearen Eraikuntzaren inguruko Ikaskuntza Komunitatean parte hartzen du. Aurretik, "Memoria, etika eta justizia: ETAren estortsioa eta indarkeria enpresa munduaren aurka (2012-2016)" diziplinarteko proiektua zuzendu zuen. Proiektu horrek DU-Banco Santander ikerketa-sariaren accesita lortu zuen (2017), eta agenda publikoan jarri zuen ETAren indarkeriaren barruan bereziki ikusgaitza izan zen dimentsio bat.

Research ID: Web of Knowledge: R-1052-2018/ orcid.org/0000-0001-9099-2653.

ÁNGELA BERMÚDEZ VÉLEZ

Deustuko Unibertsitateko Etika Aplikatuko Zentroko ikertzaile nagusia da. Gatazkei eta Bake Kulturei buruzko ikerrildoa eta Euskadiko Memoriaren, Historiari buruzko Hezkuntzaren eta Bakearen Eraikuntzaren inguruko Ikaskuntza Komunitatea zuzentzen ditu. Bere ikerlanetan, sakon aztertu du historiari buruzko hezkuntzak, ingurune formaletan zein informaletan, nola sustatzen edo eragozten duen indarkeria politikoaren ulermen kritikoa eta, ondorioz, bakearen eraikuntza. Harvard Unibertsitateko Hezkuntza Eskolan lortu zuen doktoregoa 2008an, gazteek auzi sozial eta politikoen eztabaidan nola hartzen zuten parte ikertuta. Horren aurretik, Kolonbian lan egin zuen, bertako curriculum eta baliabide didaktikoak diseinatzen, irakasleak trebatzen, gazteei irakasten eta hezkuntza historiko, demokratiko eta etikoaren inguruan ikertzen. Hainbat erakundetako aholkulari izan da: Kolonbiako Hezkuntza Nazionaleko Ministerioa, Bogotako Hezkuntza Idazkaritza, Amerikako Estatuen Erakundea, Iberoamerikako Estatuen Erakundea (OEI) eta Goi Mailako Hezkuntza Sustatzeko Institutua (ICFES). Irakasle izan da, besteak beste, Deustuko Unibertsitatean (Bilbo), Northeastern Unibertsitatean (Boston), Harvard Unibertsitatean (Cambridge), Unibertsitate Javerianoan (Bogota) eta Gizarte Zientzien Latinoamerikako Fakultatean (FLACSO, Buenos Aires).

Research ID: Web of Knowledge: H-1290-2011/ orcid.org/0000-0002-5269-6420.

Izaskun Sáez de la Fuente Aldama
eta Ángela Bermúdez Vélez

ETA bere ispiluaren aurrean: indarkeriaren erabilerari buruzko eztabaidak

Izaskun Sáez de la Fuente eta Ángela Bermúdez
(bildumaren editoreak)

EUSKADIKO GATAZKAREN ETA INDARKERIAREN MEMORIA ETA HISTORIA BILDUMA.

BILDUMA HAU EUSKO JAURLARITZAK ETA DEUSTUKO UNIBERTSITATEAK BIZIKIDETZA, GIZA ESKUBIDE ETA ANIZTASUNAREN PLANA (2021-2024) GARATZEKO SINATUTAKO HITZARMENAREN BABESPEAN EGIN DA.

AZALAREN DISEINUA: MIKEL LAS HERAS

ITZULTZAILEA: ITZIAR NAVARRO PIKABEA, ITZULPEN ETA HIZKUNTZA LAGUNTZAKO ZERBITZUA – DEUSTUKO UNIBERTSITATEA

ZURBANO, 76
28010 MADRID
TEL. 91 532 20 77
WWW.CATARATA.ORG

ETA BERE ISPILUAREN AURREAN: INDARKERIAREN ERABILERARI BURUZKO EZTABAIDAK

ISBN: 978-84-1067-456-1
DEPÓSITO LEGAL: M-22.015-2025
THEMA: JPWL/JPWS/JKVV

INPRIMATZAILEA: ARTES GRÁFICAS COYVE S.L.

AURKIBIDEA

BILDUMARI BURUZ

Euskadi Ta Askatasunak (ETA) behin betiko su-etena iragarri zuenetik hamarkada bat igarota, Euskadiko gazteek —indarkeria pairatu ez duen lehen belaunaldia— adierazi dute espazio seguru gutxi dituztela gaiari buruz galdetzeko, hitz egiteko eta eztabaidatzeko.

Liburu bilduma honek azken hamarkadetan Euskadin bizi izan den gatazkaren eta indarkeriaren historiaren ulermen kritikoa sustatu nahi du belaunaldi berriengan. Batez ere gazteei eta gai horiei buruzko interesa duten herritarrei zuzenduta dago, baina baita irakaslanean edo irakaslanerako prestatzen ari direnei eta hainbat erakunde publiko eta pribatutatik giza eskubideen errespetua sustatu eta bakea eta bizikidetza landu nahi duten pertsonei ere.

Proiektu hau Euskadiko Memoriaren, Historiari buruzko Hezkuntzaren eta Bakearen Eraikuntzaren inguruko Ikaskuntza Komunitatearena da. Ikaskuntza komunitate hori Deustuko Unibertsitateko Etika Aplikatuko Zentroaren ekimenez sortu zen 2018an eta, harrezkero, Euskadiren indarkeriazko iraganari buruzko diziplinarteko eta belaunaldien arteko elkarrizketa eta hausnarketa ahalbidetzeko gune bat da. Lehen lan fasean (2019-2021), profil ideologiko desberdinetako gazteek Euskadin bizi izandako motibazio politikoko indarkeriari buruz zer galdera eta gogoeta dituzten ikertu zuen. Behin eta berriz adierazi zuten hainbat galdera sortzen zaizkiela, baina ez dutela non planteatu galdera horiek, eta gogoetak ere badituztela, baina ezin dituztela beste

pertsona batzuekin kontrastatu. "Jarauntsitako eta autoinposatutako isiltasuna"ren pisua sentitzen dute familian, koadriletan, eskolan eta komunitatean.

Bada uste zabaldu bat isiltasun horri irauten lagundu diona: bakea eta bizikidetza sustatzeko, hobe dela orria pasatzea, iragana ahaztea eta etorkizunera bakarrik begiratzea. Baina etorkizuna ezin da eraiki iraganari bizkarra emanda. Horregatik, oraingo lan fasean, Ikaskuntza Komunitateak hainbat aditu bildu ditu bilduma honen ekoizpenean laguntzeko: gaian adituak diren historialariak, indarkeriaren analisi etikoan adituak diren filosofo eta gizarte zientzialariak eta historiari buruzko hezkuntzan adituak diren pedagogoak.

Bildumako liburu bakoitzak gai historiko edo etiko batean sakontzen du. Hautatu diren gaiak bereziki garrantzitsuak dira gazteek euskal gatazkaren eta indarkeriaren historiari buruz dituzten kontakizunei modu kritikoan heltzeko. Estrategia pedagogiko narratiboa erabiliz, Peneloperen bideari jarraitzea proposatzen da: iragan odoltsu eta mingarri baten memoria sozialaren ehuna tentuz desegitea eta kontzientziaz berriz ehuntzea. Bide horretan, indarkeria justifikatzeko balio duten mito, partzialkeria eta gain-sinplifikazioak ikusaraztea eta kritikoki arakatzea izango da abiapuntua dinamika bikoitza aurrera eramateko: *memoria historizatzea* eta *historia memorializatzea*. Horren bidez, hiru helburu bete nahi dira: pertsonek fenomeno historikoen konplexutasunaren ulermen hobea izatea, iragana biktimen esperientzian hezurmamitzea, eta, horrela, historiak indarkeria desnormalizatzeko eta deslegitimatzeko duen ahalmena aktibatzea.

SARRERA

Liburu honek ETAk indarkeriarekin izan zuen harremana du aztergai, noiz eta zergatik erabaki zuen indarkeria erabiltzea, eta erakundearen barruko desadostasun, tentsio eta hausturak zer neurritan egon ziren lotuta, zuzenean edo zeharka, indarkeriari buruz zuen ikuspegiarekin eta proiektu politikoan indarkeriari ematen zion rolarekin.

Berrogeita hamar urteko ibilbidean, ETA bat baino gehiago izan dira. Sorreratik bertatik, milaka urteko gatazkaren kontakizun distortsionatua modu intentsiboan erabiliz, Euskadi askatzeko bitarteko bakar gisa indarkeria legitimatzen eta goratzen zuten ikuspegiak nagusitu ziren. Baina erakundearen ibilbidean zehar beste kontsiderazio-mota batzuk ere erabili ziren. Lehen urteetan, indarkeriaren egokitasunari buruzko barne-eztabaida izan zen. Indarkeria erabiltzearen kontrako arrazoiak jarri ziren mahai gainean, batzuk instrumentalagoak (komenientzia praktikoan edo erakundearen estrategietan eman behar zitzaion tokian edo lehentasunean oinarrituak), eta beste batzuk nolabaiteko esanahi etikoa zutenak (indarkeriak estrategia politiko gisa duen legitimitateari lotutakoak). Hala ere, erakundeak indarkeria erabiltzeko erabakia hartu zuenetik eta Trantsizioan milien eta polimilien arteko haustura gertatu zen arte, egia esan, indarkeriaren auziak ez zuen paper garrantzitsurik izan barne-eztabaidetan, eztabaidagai nagusia nazionalismoa eta marxismoa bateragarriak edo

kontrajarriak ziren izan baitzen. ETA politiko-militarrak (ETA-pm-k) bere burua desegin ondoren 1980ko hamarkadaren hasieran, indarkeria erakundeko edo haren ingurune politikoko militanteen edo jarraitzaileen eztabaiden eta urruntzeen erdi-erdian egon zen, argudio instrumentalak eta etikoak konbinatuta.

Eztabaida horiek eta, batez ere, indarkeria zalantzan jarri zutenen argudioak ikusarazteak berebiziko garrantzia du bilduma honetarako. Izan ere, indarkeria justifikatzeko edo legitimatzeko erabiltzen diren mitoetako batzuk eraisten lagun dezake. Eztabaidak, hausturak eta disidentziak egoteak zalantzan jartzen du homogeneotasunaren mitoa, alegia, Euskal Herri osoak, une oro, berdin pentsatzen eta sentitzen zuela eta indarkeria zela herriaren interesak defendatzeko bide bakarra uste izatea. Bestalde, eztabaidak eta hausturak egoteak esan nahi du indarkeria erabiltzearen aldeko erabakiak nahita hartu zirela, eta, beraz, indarkeria ez zela inolako gatazka politikoren ondorio nahitaezkoa eta saihestezina izan, baizik eta egileen agentzia-gaitasuna eta, horri lotuta, erantzukizuna agerian uzten duten hautuen emaitza.

1. ETAK INDARKERIA ERABILTZEA ERABAKITZEN DUEN TESTUINGURUA

Gerra Zibilaren ondoren, diktadurak bere burua legitimatu zuen, behin eta berriz azpimarratuz gerra hura "Gurutzada Santua" izan zela, alde nazionalak Espainiako aberria eta erlijio katolikoa defendatu baitzituen etsaiengandik. Planteamendu horrek ez zuen zentzu handirik Euskal Herrian. Izan ere, Jose Antonio Agirre buru zuen gobernuak Errepublikaren alde egin bazuen ere, herritar gehienak oso erlijiosoak ziren, eta zati esanguratsu bat, kleroaren sektore zabal bat barne, euskal nazionalismoarekin identifikatzen zen. Garaipena agerian uzteko, diktadurak hiru mekanismo erabili zituen: garaileen eta garaituen arteko kontrajartzea, Bizkaia eta Gipuzkoa probintzia traidore izendatuz; Kontzertu Ekonomikoak —foru-sistemaren azken aztarnak— deuseztatzea eta indarra eta errepresioa erabiltzea, maiztasun handiz eta edonoren aurka. Mekanismo horien azken helburua estatu-kontzientzia nazionala sortzea zen, autonomia-mota oro eta euskal nortasunaren erakusle oro ezabatuz, batez ere gerraosteko lehen urteetan. Era berean, salbuespen-egoerek, ugariagoak frankismo berantiarrean, gizartean sinesgarritasuna eman zioten Sabino Aranak, Euzko Alderdi Jeltzalearen (EAJ) sortzaileak 1985ean, Espainiak Euskadi okupatzeari buruz sortu zuen mitoari.

1959tik aurrera, frankismoak, Ordena Publikoaren Legean, gobernuak Espainiarren Foruan (1945) jasotako eskubideetako

batzuk, nazioaren lurralde osoan edo zati batean, bertan behera uzteko aukera arautu zuen, ordena publikoarentzat mehatxu ziren indar sozial eta politikoak kontrolatzeko beharrezkoa zela uste bazuen. Salbuespen-egoeretan jasotako neurrien artean, honako hauek nabarmentzen dira: ordu eta leku jakin batzuetan pertsonen eta ibilgailuen zirkulazioa debekatzea, pertsonak atxilotzea, etxeetan miaketak egitea, ikuskizunak eta argitalpenak zentsuratzea, eta auzitegi bereziak erabiltzea, atxilotuentzat berme prozesalik gabe jarduten zutenak. Salbuespen-egoera deklaratzea ohikoa bihurtu zen 1960ko hamarkadatik aurrera, grebak, oposizioaren mobilizazio gero eta handiagoak eta ETAren jarduera nagusi ziren garaian. Diktadura-garaian, zazpi salbuespen-egoera ezarri ziren, eta horietatik bostek Euskadiri bakarrik edo bereziki eragin zioten (Ibáñez, 2013).

Diktadurak eragindako errepresioaren eta ikusezintasunaren aurrean, nazionalisten mundua zatitu egin zen, eta eremu publikotik pribatura igaro zen; familian, elizan, lagunartean eta kultura-, kirol- eta gastronomia-elkarteetan aurkitu zuen babesa. Une horietan, borroka hizkuntzaren eta kulturaren eremura mugatu zen (Sáez de la Fuente, 2002: 112-113). Familia, euskalduna eta katolikoa, materialki garaitua sentitzen zen, baina moralki garailea, eta, maiz, belaunaldi gazteei erresistentziaren etika transmititzen zien, gudariaren, euskal soldaduaren irudian hezurmamitua. Gudariaren kausa justua zen, berea zenaren alde borrokatu besterik ez baitzuen egiten eta, gainera, erregimen totalitario baten aurka: "Familian ez zen zuzenean horri buruz hitz egiten. Gudari [...] buruzko metaforak eta istorioak iradokitzen ziren [...] Neurri handi batean, seme-alaben segurtasuna zaintzeko modu bat zen hori. Baina misterioak handitu egiten zuen enigma, sublimatu egiten zuen [...] eta misterioak historia berridazten zuen, mitifikatu egiten zuen, benetan izan zen baino gudari gehiagorekin, bataila gehiagorekin eta suhartasun handiagoarekin" (Aulestia, 1998: 21).

Kode nazionalistaren erreprodukzioak genozidio-sentimendua indartzen zuen, eta sentimendu horrek Gu eta Besteak bereiztea eta Besteak etsaiarekin identifikatzea elikatzen zuen (Gurrutxaga, 1996: 101). Sozializazio-prozesuan, berebiziko garrantzia izan zuten mendi-ibilaldiek eta jai-ospakizunek. Haietan, helduek Eusko

Gudariak abesten zuten —EAJko soldaduek gerra-garaian abesten zuten ereserkia, odolaren birsortze-gaitasuna azpimarratzen zuena—, eta gazteei aberriaren zentzua helarazten zieten, *mendigoizale* estiloan sakonduz: "[...] Zer egiten zen jai haietan, mendi haietan? Bada, normalean Urbiara joan eta ikurrina bat jartzen zen; Arantzazura joan eta ikurrinak botatzen ziren, eta horrelako gauzak, pintadak eta horrelakoak" (Arriaga, 1997: 58).

1950eko eta 1960ko hamarkadetan, Espainiaren ekonomia modernizatu zen eta Euskadin industriak gorakada handia bizi izan zuen. Horretarako, Estatuko beste lurralde batzuetako eskulan ugari behar izan zen. Gizarte-eraldaketa betean, euskal gizarteak ere bere kultura- eta arau-ereduak aldatu zituen, mendebaldeko gainerako herrialdeetakoetara egokitzeko. Hain zuzen ere, mendebaldeak sekularizazio-prozesu sakona bizi zuen, eta, horren ondorioz, gero eta handiagoa zen aniztasun moral, politiko eta kulturala. Nazioarteko politikan urte gorabeheratsuak izan ziren, Kubako, Aljeriako eta Vietnamgo deskolonizazio- eta askapen-mugimenduek matxinada piztu baitzuten Latinoamerikako, Afrikako eta Asiako hainbat herritan.

ARIKETA 1

- Zer dakizu ETAren jatorriari eta bilakaerari buruz?
- ETAren historian zehar, erakundeak nola justifikatu du indarkeriaren erabilera?
- Erakundeko kide guztien jarrera berdina zen ala iritzi desberdinak zeuden?

Alderatu dakizuna zure inguruko pertsonek uste dutenarekin.

2. ETAREN JATORRIZKO BEKATUA

INDARKERIARI BURUZKO ERRETORIKA ERAKUNDEAREN SORRERAKO URTEETAN

Aldaketa-garai horretan, euskal gazteriaren belaunaldi berri batek, familia-tradizio katoliko eta nazionalistakoak, erreakzionatu egin zuen frankismoaren aurrean. Frankismoa, 1950eko hamarkadaz geroztik, Gerra Hotzaren erdian, sendotu egin zen nazioartean, Nazio Batuen, Nazioarteko Diru Funtsaren eta Vatikanoaren bermeari esker. Gazteek zalantzan jarri zuten helduen (EAJ) immobilismoa eta pasibotasuna, hiru arrazoigatik: aliatuek (AEB, Frantzia eta Ingalaterra) diktadura amaitzen lagunduko zutela uste zutelako; Eusko Jaurlaritza erbestean mantendu zutelako, sozialisten eta errepublikarren laguntzaz; eta iraganaren ikuspegi konplazientea eta nostalgikoa zutelako. Hala adierazi zuten urteen buruan ETAko kide bihurtu ziren gazte horietako batzuek: "[…] EAJko afiliatuak 'balentria zaharrak gogoratu eta hiletak, otorduak eta Aberri Eguna ospatu besterik ez zuten egiten'" (Fernández Soldevilla, 2021: 45).

Aurreko belaunalditik erreferentzia sinbolikoak eta erresistentzia-jarraibideak jaso bazituzten ere, euskal gazteria identitate-krisi latzean zegoen, ondare horren zati handi batek jada ez zielako balio. Nazionalismoa ulertzeko moduari eta, bereziki, indarkeriaren erabilerari buruzko kontraesan eta eztabaida ugariko giroan mugitzen ziren. Nazionalisten inguruan, ezaugarri komun

bat agerikoa zen: uste zuten ez zegoela eten historikorik Karlistaden, 1936ko gudarien borrokaren eta belaunaldi berriaren errealitatearen artean. Gudaria goraipatzeak, martirien sakrifizioa egin izan balu bezala, erantzukizunaren eta konpromisoaren zentzua aktibatzen zuen. Ikuspegi hori, ordea, indarra galtzen hasia zen. Hortik aurrera hasi ziren konpromiso historiko hori gauzatzeko moduari buruzko desadostasunak.

EAJren jarrerari jarraituz, gazte abertzale gehienak indarkeriaren kontrakoak ziren, eta indarrak hizkuntza lantzean, historia ezagutzean eta nazio-kontzientzia erreproduzitzean jartzea proposatzen zuten. Baina erradikalenek, gazte zein heldu, bereziki Latinoamerikako erbestetik, ez zuten bat egiten ikuspegi horrekin eta "bakezaletasun faltsutzat", "amore ematetzat" eta gudariei egindako "traizio doilortzat" jotzen zuten. Uste zuten armak berriro hartu behar zirela, 1936ko gerrarekin jarraitzeko. Afrikako kontinentean kolonialismoaren aurkako mugimendu armatuen adibideak jarraitu beharreko eredua eskaintzen zien: "balio handiagoa du garaiz botatako tiro batek ehun hitzaldik baino" (cfr. Fernández Soldevilla, 2016: 158). Ikuspegi hori bere egin zuten Ekineko militanteek (1952). Urte batzuk geroago, Ekin ETA bihurtu zen.

Ekinek izan zuen euskal kultura nazionalistaren barruan jarrerarik erradikalena eta Espainiaren kontrakoena. Unibertsitarioen mugimendu bat zen, historia eta euskara lantzea helburu zuena, euskal tradizioari buruzko irakurketa mitiko eta epikoen zein abangoardiako europar mugimenduen eraginpean. Iragana birsortzen zuten, landa-eremuko bizitza biziberrituz, nahiz eta kultura hiritarrekoak izan. EAJren mugimendu tradizionalaren alternatiba izango zen mugimendu nazionalista sortu nahi bazuten ere, ez ziren gai izan immigrazioaren erronkari aurre egiteko. Ekineko kideak kristau praktikanteak ziren, baina akonfesionaltzat jo zuten beren burua. Hasiera-hasieratik aldendu ziren Elizatik, hierarkiak erregimenarekiko zuen jarrera adeitsuak sortzen zien frustrazioagatik (cfr. ETA, 1979, I. lib.: 21). EGIk eta Ekinek 1956an bat egin zuten, Euskadi askatzearen aldeko fronte bat eratzeko. Hala ere, bi urte geroago bereizi egin ziren, "elkarren arteko mesfidantzengatik, EAJren zuzendaritzaren kontrol-nahiagatik

eta alderdiaren beraren barne-arazoengatik" (Fernández Soldevilla eta De Pablo, 2024: 54).

Zatiketaren ondoren, Ekinetik zetorren sektoreak izen berri bat hartzea erabaki zuen, Euskadi Ta Askatasuna, ETA. 1959an eratu zenean, ETAk bere burua 1936ko gudarien erresistentziaren ondorengo izendatu zuen, amaitu gabeko ustezko misio historiko baten oinordeko. Hasieratik, akonfesionaltzat jo zuen bere burua, euskal estatu laiko bat zuen helburu. Aberriaren aldeko lana bai kristauek eta bai ateoek eta agnostikoek egin zezaketela uste zuen (ETA, 1979, I. lib.: 267). Bere lehen idazkietan, Sabino Aranak ez bezala, erakundeak ez zuen arraza hartzen euskal etniaren esentziaren elementu identifikatzailetzat; hizkuntzak hartzen zuen toki hori. Euskara zabaltzea eta sendotzea ezinbesteko baldintza zen nazioak bizirik irauteko; izan ere, "Makiaveloren garaietatik, aholku politiko ezaguna eta ondorio ziurrekoa da herri bat hiltzeko ez dagoela bere hizkuntza nazionala hiltzea baino ekintza azkarragorik" (ETA, 1979, I. lib.: 253). Arrazoi horregatik, euskararen mitifikazioa eta hizkuntza arma politiko bihurtzea indartu ziren. Bitxia bada ere, urte horietan, Txabi Etxebarrietak, oraindik EGIko kide zenean, baliabideak eskatu zizkien Venezuelako adiskideei, "euskararentzako dirua behar dugu eta dinamitarako dirua behar dugu" zehaztuta (cfr. Fernández Soldevilla, 2016: 161).

Hizkuntzari emandako garrantziak ez zuen nazionalismoaren etnozentrismoa eta haren ikuspegi fundamentalista, agoniko eta antiespainiarra aldatu. Ikuspegi hori argiago ageri da immigrazioari buruzko jarrera aztertuz gero. ETAk bereizi egiten zituen immigrazioaren "alderdi pertsonala" eta "alderdi kolektiboa": alderdi pertsonalak norberak migratzeko duen eskubideari egiten zion erreferentzia; alderdi kolektiboak eragin larria zuen Euskadiren identitate nazionalean. Industriarako eskulana behar zenez Euskadira iristen ari zen immigrazio masiboa politika "genozida" baten ondorio zela uste zuen; horixe zen, hain zuzen ere, Estatu zapaltzailearen formula eraginkorrenetako bat kolonizatutako nazioaren behin betiko asimilazioa lortzeko. Erakundea Euskadi Espainiako eta Frantziako inperialismoek okupatutako eta zapaldutako nazioa zelakoan zegoen; tesi horrek Arana

antiespainolistenaren postulatuei jarraitzen zien. Nazioa biziberritzea independentzia lortzetik etor zitekeen soilik, eta ez 1936ra arte izan ziren autogobernu-sistemak berreskuratzetik –foruak edo autonomia-estatutua–. Ikuspegi horretatik, EAJren eta erbesteko Eusko Jaurlaritzaren jarreren kontra zegoen. Helburu hori lortzeko, euskal herritar guztiak, edozein jarrera politikotakoak, bilduko zituen Fronte Nazional bat eratzea defendatzen zuen (ETA, 1979, I. lib.: 17). Horrek ekarri zuen euskal mugimendua Aljeriako Nazio Askapenerako Frontearekin eta Portugalgo erregimen kolonialaren aurkako oposizio angolarrarekin parekatzea. Jarrera horrek eragin nabarmena izan zuen gerora.

ETAko lehen kideetako askok uste zuten ez zuela ezertarako balio beren ideiak propagandaren bidez edo ikurrinak jarriz zabaltzeak, ezta Espainiako gobernuarekiko elkarrizketetarako giro egokia erraztzen ahalegintzeak ere; izan ere, haien ustez, Espainiako erregimen politikoa edozein izanik ere (diktadura, monarkia edo errepublika), Espainiak mendean eduki nahi zuen Euskal Herria, metropoliaren eta koloniaren arteko eredua errepikatuta. Horregatik, dena sakrifikatu behar zutela onartu zuten, bizia bera barne, Euskal Herriaren askatasunaren alde. Odol askatzailearen irudia ageri zen ordurako. "Eskubide hori ez zaigu kanpotik aitortuko guk gure odolarekin errespetarazten ez badugu, beharrezkoa izanez gero" (ETA, 1979, I. lib.: 263). Frankismoaren erregimen bete-betean, erakundeak armen erabilerari legitimitatea eman nahi izan zion eta horregatik azpimarratzen zuen indarkeria beharrezkoa zela Estatuaren egiturazko indarkeriari erantzuteko, herria existitzea bera mehatxupean jartzen zuen "esklabotza-egoera" baten erreakzio gisa. EAJren jarrera "pasiboa" edo "bakezalea" zela uste zuen eta, horren aurrean, izaera selektiboko aktibismo armatuaren alde egiten zuen, Euskadin "Espainiako legea" aplikatzen zuten kolektiboak jomugan jarrita: "Biolentoek indarkeria gaitzesten dute. Euskadiko ikurrinak suntsitu, zapaldu eta erre zituzten, gure kultura eta gure hizkuntza jazarri zituzten [...] eta orain gure herriaren aurka poliziak jaurtitzen dituzte, txakurrak bezala, [...] indarkeriak indarkeria dakar" (ETA, 1979, I. lib.: 406).

1959ko udazkenetik aurrera, ETAk etxean egindako bonbak jarri zituen Santanderreko *Alerta* egunkarian, Gasteizko Gobernu

Zibilean eta Bilboko Poliziaren Buruzagitzan, biktimarik eragin gabe. 1961eko uztailaren 18an, Donostia eta Bilbo lotzen zituen tren bat errailetik ateratzen saiatu zen. Tren horretan Gipuzkoako errekete beteranoen talde bat zihoan, Altxamendu Nazionalaren XXV. urteurrena ospatzera. Atentatuak osagai sinboliko handia izan zuen; izan ere, Gerra Zibilean beren aurrekoak garaitu zituztenei eraso eginez, Gerra hura amaitu gabe zegoela eta "gudari berriek" zaharren lekukoa hartu zutela erakutsi nahi izan zuten. Zazpi etakide kartzelara kondenatu zituzten eta beste batzuek Frantziara ihes egin zuten. Erakundea burugabetzeak "borroka armatuaren" egokitasunari buruzko eztabaida berria eragin zuen. Indarkeria ETAren DNAren parte izan zen hasieratik, nahiz eta ia lehen hamarkada igaro arte ez zuen inor hil. Izan ere, baliabide, azpiegitura eta entrenamendu eskasiaz gainera, militantziaren sektore baten sentsibilitate erlijioso eta moralak suebaki gisa jokatu zuen. Hala ere, hesi horiek gutxi iraun zuten, eta indarkeriazko espiralaren hasierak itzulerarik gabeko puntua markatuko zuen.

EGIren aktibismoak, ETAren antzekoak eta, batzuetan, harekin elkarlanean gauzatutakoak, hainbat elementu hartzen zituen: sabotajeak, pintadak, monumentuak suntsitzea, eta Aberri Eguna eta Gudari Eguna ospatzea, besteak beste. EGIko sektore erradikalenak, indarkeriaren erabilerarekin ados zeudenenak, EAJko buruzagiak izan zituen aurrez aurre. Manuel de Irujok, beste batzuen artean, indarkeria sektario baten tentazioan erortzearen arriskuez ohartarazi zuen, indarkeria hori alferrikakotzat eta arduragabetzat jotzen baitzuen: "ETA minbizia da, eta, errotik ateratzen ez badugu, gure gorputz politiko osora zabalduko da [...]" (cfr. De Pablo, Mees eta Rodríguez Ranz, 2001: 271). Erreakzio horren aurrean, EGIko sektore bat, Txabi eta Jose Antonio Etxebarrieta tartean zirela, EAJko gazte-erakundea utzi eta ETAn sartu zen.

Planteamendu horiek I. Asanbladan gauzatu ziren (1962)[1]. Asanblada horretan, ETAk bere burua mugimendu gisa definitu zuen, ez alderdi gisa, bere helburua —nazioa berreraikitzea eta

---

1. ETAk asanbladak egiten zituen aldian-aldian. Haietan, ponentziak aurkezten ziren eta jarraibide ideologikoak eta ildo estrategikoak definitzen ziren. Asanblada horietako batzuetan eztabaida sutsuak izan ziren.

birsortzea— ez baitzen soilik politikoa. Hala, independentzia helburu hori lortzeko bitarteko bat baino ez zen. Horregatik, dei egin zien gainerako indar aberkoiei, Fronte Nazional batean elkartuta, zapalkuntzaren aurka borrokatzeko eta askatasuna lortzeko. Euskara Euskal Herriko hizkuntza ofizial gisa aldarrikatu zuen, bere izaera akonfesionala berretsi zuen, eta nolabaiteko sentsibilitate soziala erakutsi zuen, baina oraindik postulatu marxistetara iritsi gabe. Estrategiari dagokionez, ez zuen ekintzarako tresnarik zehaztu eta, hortaz, aukera-mota guztiak, indarkeriazkoak eta indarkeriarik gabekoak, erabiltzeko aukera irekita uzten zuen, abagune historikoaren arabera.

1963an, Federico Krutwigek *Vasconia* argitaratu zuen, askoren ustez ETAren "Biblia". Krutwigen tesiek, II. Asanbladan aztertu ondoren (1963ko martxoa) erakundearen sortzaileetako batzuengan eragina izan zuten, besteak beste, Julen Madariagarengan. Krutwigek euskara modu autodidaktan ikasi zuen eta uste zuen eguneroko bizitzan bere hizkuntza erabiltzen ez zuen etniak bere nazionalitatea galtzen zuela eta bere pentsamoldea atzerriko pentsamolde batekin ordezkatzen zuela (Krutwig, 1963). Haren ustez, nazionalismo tradizionalak euskal esentzia hautsi zuen, seme-alabei ez baitzien hizkuntza nazionala irakatsi eta, horrela, "traidore" bihurtu zen, erregimen genozida baten tresna besterik ez. Krutwigek hauxe esan zuen erbestean zegoen Jesus Maria Leizaola lehendakariari buruz (1960-1979):

> [...] nazionalista baten gutxieneko eskakizuna ahaztu duen gizona, [...] hizkuntza nazionala jakinda ere [...] seme-alabei irakatsi ez diena, belaunaldiz belaunaldi nazioaren guna daraman arteria hautsiz eta, seme-alabak *maketo* bihurtuz, euskaldunon aurkako zapalkuntzaren zerbitzurako tresna. Gure hizkuntzak Euskal Herria biziberritzen du. Haren aurkako bekaturik txikiena euskaldun batek egin dezakeen krimenik izugarriena da [...] Bere familia desnazionalizatu zuen jelkidea [...] auzitegi militar baten aurrera eraman beharko genuke, ahalik eta zorroztasun handienaz epai dezaten [...] (Krutwig, 1963: 27 eta 44).

Krutwigentzat, bertako klase burges espainolizatzaile eta zapaltzaileko "maketizatuen" —Sabino Aranaren "maketo" hitzetik

eratorria, atzerritarra/etorkina mespretxuz aipatzeko— traizioak Euskal Herria proletario izatera eraman zuen, zapaldutako klase izatera (Krutwig, 1963: 66). Euskal nazio-sentimenduaren berreraikitze historiko eldarniozko horretan, karlistadak gogora ekartzen zituen, eta Zumalakarregi —lehen karlistadako (1835-1839) jenerala, tropa karlistak (tradizionalistak) liberalen kontra gidatu zituena— lehen heroi nazionaltzat hartzen zuen, bere ereduarekin Euskal Herriaren askatasuna lortzeko bidea erakutsi baitzuen. Krutwigentzat, Aranak, era berean, gauza batean "asmatu" zuen: Espainia etsai gisa definitzean. Eta, Gerra Zibilaz ari zela, gerraurreko eta gerraosteko belaunaldien arteko haustura nazionalismo erreakzionario, tradizionalista eta landatar batetik nazionalismo iraultzailera igarotzean gertatu zelakoan zegoen. Nazionalismo iraultzaile hori zen, Krutwigentzat, benetako nazionalismoa. Haren ustez, euskal nazionalismoa Gerran garaitua izan bazen ere eta protagonistak euskaldun izateari utzi eta antifrankista bihurtu baziren ere, belaunaldi berriak, ETAn pertsonifikatuak, nazionalismoaren indarra berpiztu zuen, kolonialismoaren atzaparretatik emantzipatzen ziren beste herri batzuen adibideari jarraituz eta "Vasconia *resurrexit*" adierazpena egia bihurtuz (Krutwig, 1963: 10).

Krutwigek eragina izan zuen, halaber, ETAk indarkeriaren erabilerari eta justifikazioari buruz zuen ikuspegian. Independentzia lortzeko metodo baliodun bakar gisa defendatzen zuen. "[...] konkista-eskubidez zerbait lortu zuen herriak ez du inoiz bere harrapakina lagatzen, indarrez kentzen ez badiote behintzat" (Krutwig, 1963: 327). Hirugarren munduko kutsua zuen estrategia iraultzaile baten alde egiten zuen, baina horrek "herri zapaldua" gerrillariaren kausarekin erabat identifikatzea eskatzen zuen. Tesi horiek interpretatzean, Julen Madariagak, *Insurrección en Euskadi* (1963) lanean, kontrako bi mundu-ikuskeraren arteko antagonismoa areagotu zuen: bata, Ongiaren eta Egiaren ordezkaria, euskal gizon-emakumeak osorik emantzipatzen zituena, "askapenerako gerra bidezko" baten ondoren, eta bestea, Gaizkiaren adierazpena, Euskadi suntsitzea helburu zuten indar politikoei eta ekonomikoei zegokiena.

> Gerra iraultzailea, nolabait, antzinako gerra erlijiosoen sekularizazioa da [...] politikoa ideologikoaren sinonimoa da, baita erlijiosoarena

> ere. Erdi Aroan soldadu gurutzatua bizia ematera eramaten zuen mistika [...] sekularizatu egiten da, nazio- eta gizarte-askapenerako mistika bihurtzeko [...] Gudari iraultzailea [...], gurutzatu zaharrak bezala, EGIA baten alde borrokatzen da, geurea: Euskadiren errotiko askapena [...] Gure egia EGIA ABSOLUTUA da, hau da, egia ESKLUSIBOA, zalantza eta kontra egiterik onartzen ez duena, eta etsai birtualak edo errealak desagerraraztea justifikatzen duena [...] borroka [...] azken garaipenarekin, kartzelarekin edo heriotzarekin baino ez da amaituko (ETA, 1963, 20. zk.: 8-9).

Planteamendu arriskutsu horiei jarraiki, ETAk azpimarratzen zuen benetako gudariak, edozein garai historikotakoak, erresistenteak zirela: "Zer esan nahi du erresistentziak? Eutsi eta eraso, erori eta altxatu, sufritu eta garaitu" (ETA, 1979, III. lib.: 299-300). Ondorioz, *ekintza-errepresioa-ekintza* espiralaren estrategia defendatzen zuen. Aurrerago erabiliko zuen estrategia hori. Estrategia horren arabera, diktadurako erregimenak edozein motatako "ekintza iraultzaileri" edo herritarren protestari erantzuten zionean, "gerrillariek" ekintza are gogorragoa egin behar zuten, zapalkuntzari aurre egiteko eta, bide batez, gizartearen gero eta babes handiagoa lortzeko, herritarrak sentsibilizatuta baitzeuden sufritzen zituzten zigor indiskriminatuen aurrean. Ideia horrek egiantzekotasun berezia hartu zuen frankismo berantiarreko salbuespen-egoeretan.

Hurrengo urteetan, ETA pixkanaka langile-klasera hurbildu zen. Erregimena ahulduko zuten manifestazioak babesteaz gainera, langileen aldarrikapenei leku egin zien bere jardun politikoan, eta bere nazionalismoaren izaera "herrikoia" eta "iraultzailea" azpimarratu zituen. Ezker berriaren europar korronteen eraginez, IV. Asanbladak (1964) ideologia sozialistagoa eta langileengandik hurbilagoa hartu zuen, ordura arteko Fronte Nazionalaren ordez Klase Frontea erabiltzen hasi zen, eta *ekintza-errepresioa-ekintza* estrategia erabiltzea erabaki zuen, nahiz eta ez zuen praktikan jarri, behar besteko baliabiderik ez zuelako. Paradigma-aldaketa horrek barne-gatazka gogorra ekarri zuen, eta erakundeko lehen zatiketa gertatu zen V. Asanbladan (1966-1967).

V. ASANBLADA, ITZULERARIK GABEKO BIDE BATERAKO INFLEXIO-PUNTUA

Agintari historiko "kulturalistek" —euskarari ematen zioten garrantziagatik hartu zuten izen hori— ETAren zuzendaritza berriari "espainolista" eta "likidazionista" izatea leporatu zioten. Kulturalistek uste zuten Euskal Herriak zapalkuntza bikoitza jasaten zuela eta askapenak nazionala eta soziala izan behar zuela; marxistak, nazio-ikuspegiari zegokionez, erreakzionarioak zirela pentsatzen zuten (ETA, 1979, IV. lib.: 439). Gainera, Fronte Nazionalaren planteamendua berreskuratzeko beharra azpimarratzen zuten, eta militante etakide orok euskaldun (euskaradun) izan behar zuela eta bere herriaren historia eta gainbeheraren arrazoiak sakon ezagutu behar zituela zioten. Azkenik, beste edozein printzipioren gainetik, Euskadiren zerbitzura dena ematearen balioa azpimarratzen zuten. Horrela, norberaren biziak herria defendatzeko borrokan bakarrik hartzen zuen zentzua: "[...] bizia ez da gordetzeko, baizik eta gure idealtzat hartzen dugunaren alde emateko. Gu Euzkadiren alde bizia emateko gai ez bagara, ez dugu merezi euskaldun deitzea [...]" (ETA, 1979, IV. lib.: 190-191).

Kulturalistek eta marxistek V. Asanblada egin zuten (1966-1967). Eztabaida gogorren ondoren, Asanbladaren azken ebazpenek Krutwigen tesiak babestu zituzten. Hala, osagai nazionalistak eta iraultzaileak batasun bat osatzen bazuten ere, Euskadin nagusitasuna osagai nazionalistak izan behar zuela zehaztu zuten. ETAk Nazio Askapenerako Euskal Mugimendu Sozialista gisa definitu zuen bere burua, eta abangoardiako papera eman zion Euskal Herri Langileari. Herriaren kontzientziak klasekoa eta nazionala izan behar zuen, eta ez soilik nazionala edo klasekoa. Horrela itzuli zen Fronte Nazionalaren ideiara, Klase Frontearen kaltetan.

Antolaketari dagokionez, lau frontetan banatzea adostu zen: kulturala, politikoa, ekonomikoa eta miliarra (ETA, 1979, VII. lib.: 98). Ebazpen horiek ETA-Berri (marxistak) kanporatzea eta ETA-Bai edo ETA-Zaharrak (kulturalistak) zuzendaritza kontrolatzea ekarri zuten. Banandutako sektorea sinetsita zegoen erakundea nazionalismo aranista hutsera itzultzen ari zela, arraza-konnotazioak ere barne hartuta, hainbat arrazoi tarteko: nazioa etniarekin

identifikatzea, hizkuntza-fetitxismoa, eskubideen iturri gisa jarrera historizistak azpimarratzea, eta "klase-interesak ezkutuan uztea" (ETA, 1979, VI. lib.: 280-290). Sektore horren iritziz, euskalduna izatea ez zen kontzientzia-arazoa, ez arraza-arazoa, ez hizkuntza-arazoa; Euskadin zapalduta sentitzen zen oro zen euskalduna. 1969tik aurrera, ETA-Berrik Komunistak izena hartu zuen; urtebete geroago, ideologia maoistarekin bat egin zuen, eta 1972an, Espainiako beste alderdi txiki batzuekin batera, Espainiako Mugimendu Komunista (EMK) sortu zuen. Mugimendu hori ez da Espainiako Alderdi Komunistarekin (PCE) nahastu behar.

V. Asanbladan —Txabi Etxebarrietak erakundearen buruzagitza hartu zuenean— indarkeria erabiltzearen aldekoen eta ez hain aldekoen arteko tirabirak ugariak izan ziren. Indarkeria erabiltzearen aldekoek Hirugarren Munduko herrialdeetako estrategia gerrillariak erabili nahi zituzten; aldeko ez zirenek bide politikoak soilik erabiltzea proposatzen zuten. Indarkeria erabiltzearen aldekoek honela argudiatzen zuten:

> Espainiak abantaila ekonomiko gehiegi lortzen ditu Euskaditik, bere "kolonia" galtzea onartuko duen eguna iritsiko dela sinesteko, baldin eta gu ez bagaude gure eskubidea indarrez konkistatzeko prest. Premisa horretatik abiatuta, argi dago jarraitu beharreko bidea aljeriarren edo angolarren antzekoa dela (ETA, 1962).

Era berean, bide politikoa defendatzen zutenek bi argudio erabiltzen zituzten: a) armak erabiltzeak ETA aurre egin nahi zion diktaduraren pare jarriko zuen, eta diktadura ongi baino hobeto mugitzen zen errepresio-egoeretan; eta b) indarkeriarik gabeko bitartekoak erabiltzeak erraztu egingo zuen erakundeak herritarren artean babes handiagoa lortzea. Hala ere, azpimarratzen zuten indarkeriaren erabilera zalantzan jartzea ez zela kartzelaren beldurraren ondorio, ezta konpromisorik ezaren ondorio, eta are gutxiago, erregimen frankistarekiko inolako konplizitateren ondorio ere (ETA, 1962).

Bide politikoaren defendatzaileen argudioek, elementu estrategiko argiekin batera, kezka etikoak izan zitezkeenak ere

bazituzten. Erakundeko aktibistetako batzuei, euskal gizartean erlijiotasunak zuen pisuaz jabetuta, erakargarriagoa zitzaien Gandhiren indarkeriarik ezaren filosofia, neurri handiagoan baitzetorren bat Ebanjelioarekin. Indarkeriaren erabilerari buruzko zalantza moralen aurrean, apaizei eta erlijiosoei kontsultak egin zizkieten, baina jaso zituzten erantzun antagonikoek ez zuten eztabaida konpontzen lagundu. Horixe izan zen arrazoibide instrumentalen eta arrazoibide etikoen arteko erlazio konplexuaren lehen adierazpena. Hala ere, praktikan, eztabaida indarkeriak sortzen zuen liluraren eta estrategia politiko gisa nahita bide hura aukeratzearen alde ebatzi zen sistematikoki.

V. Asanblada amaitu eta hilabetera, ETAk lehen lapurreta arrakastatsua egin zuen, Aretxabaletan. Lapurreta horrek eta hurrengoek armak, azpiegitura eta liderrak mantentzeko baliabideak eskuratzea ahalbidetu zioten. Era berean, bonbak jarri zituen komunikabideen, erregimenari laguntzeagatik susmagarri ziren pertsonen jabetzen, irrati-telebistako errepikagailuen, udalen, sindikatuen lokalen, kuartelen eta ikur frankisten aurka. 1968ko martxoan, lehergailu batek eztanda egin zuen *El Correo Español* egunkariaren egoitzan, eta langile bat zauritu zuen. Orduz geroztik, militanteetako batzuk armatuta joaten hasi ziren. 1968ko apirilean, Aberri Eguna ospatu zen Donostian. Egun horretan, borroka bortitzak izan ziren Estatuko Segurtasun Indar eta Kidegoekin, helikoptero militarrek hiria patruilatzen zuten bitartean. Txabi Etxebarrietak egun horretarako idatzi zuen ETAren manifestuak hauxe ohartarazi zuen, etorkizuna iragarriz: "inorentzat ez da sekretua nekez amaituko dela 1968a hildakorik gabe", nahiz eta bere militanteei buruz aritu (cfr. ETA, 1979, VII. lib.: 472). Gertaerak azkartu egin ziren eta indarkeriaren hasierak itzulerarik gabeko bidea ekarri zuen.

Seme-alabak irensten dituen munstroa: indarkeriazko espiralaren hasiera

Aberri Egunetik hilabete batzuetara, ETAko buruzagitzak Ondarroan egindako bilera batean, buruzagiek erabaki zuten hiltzen hasi behar zela, *ekintza-errepresioa-ekintza* espirala bizkortzeko. José María Junquera eta Melitón Manzanas hautatu zituzten, Bilboko eta Donostiako gizarte-ikerketako brigadetako ikuskatzaile buruak, hurrenez hurren. Frankismoaren errepresioaren ageriko buruak zirenez, hilketak karga sinboliko handia izango zuen. Etxebarrietak hartu zuen operazioaren lidergoa, baina, ezusteko gertaera batek planak aldatu zituen.

Etxebarrieta eta Iñaki Sarasketa lapurtutako ibilgailu batean zihoazen, Madril-Irun errepide nazionaletik gertu, Gipuzkoan, 1968ko ekainaren 7an. Errepidean bi guardia zibil ari ziren trafikoa bideratzen, José Antonio Pardines eta Félix de Diego. Etxebarrietaren autoa Pardinesen aurretik igaro zen, eta guardia zibilak haiengana hurbildu, keinu egin eta zirkulazio-baimena eskatu zien. Dokumentuetako datuak autoaren datuekin bat ez zetozela egiaztatzean, harrituta geratu zen. Orduan, Etxebarrietak eta Sarasketak bost tiro egin zizkioten. Kasuaren instruktore militarrak gorpua aztertu zuenean, arauzko pistolaren zorroak lotuta jarraitzen zuela ikusi zuen; Pardinesek ez zuen pistola ateratzeko aukerarik ere izan. ETAren lehen hilketa izan zen hura. Baina nahiko oharkabean igaro da, nahita, erakundeak eta haren inguruneak gertatutakoa desitxuratu edo distortsionatu egin dutelako, guardia zibila bere heriotzaren erantzuletzat aurkeztuz. Hala, Etxebarrietak bidezko defentsa egin zuela esan izan dute, bere burua poliziaren eraso baten aurrean babestu behar izan zuelako.

Bi etakideek ihes egin zuten, eta ordu batzuk geroago, Guardia Zibilak trafiko-kontrol batean gerarazi eta dokumentazioa eskatu zien. Sarasketak ez zuen dokumentaziorik, eta Etxebarrietak zuena faltsua zen. Guardia zibilek bi etakideak armatuta zeudela ikusi zuten. Tiro egin zioten elkarri; segur aski Sarasketa hasiko zen tiroka, eta ihes egitea lortu zuen. Etxebarrietak bi guardiekin borrokan eta tiroka jarraitu zuen, zaurituta erori zen arte. Ez zen berehala hil. Guardia zibilek osasun-zentro batera eramateko modua bilatzen zuten bitartean, zein

erakundetakoa zen galdetu zioten. Etxebarrietak bakean uzteko eskatu zien, baita apaiz bati deitzeko ere, aitortu nahi zuelako. Ospitalera iritsi eta 10 minutura hil zen. ETAren ingurunearen zati bat ausartu zen esatera Etxebarrietaren heriotza "odol hotzeko hilketa", "judizioz kanpoko exekuzioa" eta, are gehiago, "gizateriaren aurkako krimena" izan zela, diktaduraren errepresio-testuinguruan. Sarasketa atxilotu egin zuten eta heriotza-zigorra ezarri zioten. Hala ere, Francok heriotza-zigorraren ordez espetxe-zigor bat jarri zion. 1977ko Amnistia Legearen babesean atera zuten kartzelatik. 2017an hil zen.

Iturria: Geuk sortua, iturri honetako datuetan oinarrituta: Fernández Soldevilla eta De Pablo (2024: 142-155).

La línea invisible: cuando ETA eligió matar telesaila ikustea gomendatzen da, Mariano Barrosok zuzendua.

1968ko abuztuaren 2an, ETAk Melitón Manzanas donostiarra hil zuen Irunen (Gipuzkoa), etxera itzultzen ari zela. Etxera sartzen saiatu zenean, ETAko kide batek bost tiro egin zizkion emaztearen eta alabaren aurrean, eta berehala hil zen (Fernández Soldevilla eta De Pablo, 2024: 155-161). Erakundeak planifikatutako lehen krimena izan zen. Hilketa bere gain hartzeko agirian, ETAk, bere burua legitimatzeko, Euskal Herriaren epai bat betearaztera mugatu zela azpimarratu zuen, Estatu zapaltzailearen uztarritik askatzeko:

> Espainiar kapitalismoaren beste peoi asko bezala, Melitón Manzanas heriotzara kondenatuta zegoen aspalditik [...] Herriak berak, bere jarduera ongi ezagutzen zuenez, heriotzara kondenatu zuen. Joan den abuztuaren 2an, ETAk herriaren epaia bete zuen (ETA, 1979, VII. lib.: 532-533).

ARIKETA 2

Manzanasen hilketak eztabaida konplexu batera eramaten gaitu. Zalantzarik gabe, Manzanasen polizia-jarduna ikuspegi etikotik zalantzazkoa zen, eta diktadurak hura goraipatzeak erregimena antidemokratikoa zela eta oinarrizko eskubideak eta askatasunak urratzen zituela erakusten zuen. Horregatik, ez da harritzekoa, gertaeren berotasunean, Manzanasen edo erregimenaren errepresioa jasan zuten pertsonek hilketa hori justiziazko ekintza eta garaipen politiko gisa interpretatzea. Hala ere, hausnarketa etikoak bidea eman behar digu konturatzeko ez zaiola biktima izaera ukatu behar eraila izan den pertsona bati, nahiz eta, aldez aurretik, biktimagile ere izan den.

Zure iritziz:

- Zer esan nahi du biktimagile bati biktima-izaera aitortzeak?
- Zer ondorio izan beharko lituzke aitorpen horrek?

Terrorismoaren biktimak aintzatesteko eta erreparatzeko Espainiako lehen legeak, 1999koak, biktimagile-biktimak biktimatzat aitortzeaz gainera, haiei kondekorazioak ematea ere ahalbidetzen zuen. Horregatik, 2001. urtearen hasieran, eta familiak eskatuta, Gobernuak Terrorismoaren Biktimei Aitorpen Zibila egiteko Errege Ordena eman zion Manzanasi. Horrek izugarrizko haserrea eragin zuen herritarren, elkarteen, alderdi politikoen eta sindikatuen artean, eta horrelako omenaldi publikoak eragozteko erreforma legegilea eskatu zuten. 2011ko legeak honako hau zehazten du: "Kondekorazio horiek ezin izango zaizkie inoiz eman ibilbide pertsonal edo profesionalean Konstituzioan eta lege honetan adierazitako balioen eta nazioarteko itunetan aitortutako giza eskubideen aurkako portaerak erakutsi dituztenei".

- Zein iritzi duzu biktimagile-biktimari egin behar zaion aitorpen-motari buruzko eztabaida honen aurrean?

Manzanas hil ondoren, erregimenak errepresio-uholde gogor eta indiskriminatu batekin erreakzionatu zuen, Gipuzkoan salbuespen-egoera ezarrita. Aurrerago, salbuespen-egoera Espainia osora zabaldu zen. Errepresio horrek ETA diktaduraren aurkako borrokaren abangoardia bihurtu zuen frankismoaren aurkako oposizioaren begietara, eta euskal herritarren sektore esanguratsu batzuetan polizia-kidegoekiko ezinikusia elikatu zuen. Manzanas hiltzearen helburua *ekintza-errepresioa-ekintza* dinamika bizkortzea zen, herritarrak instrumentalizatuz, haien

sufrimenduarekin ETAk militante berriak edo onura politikoren bat lor zitzan:

> [Manzanasen hilketak] guk ekimen politikoa hartzea esan nahi zuen. Kontua ez da erantzutea bakarrik, baizik eta haiek behartzea guri erantzutera. Bagenekien erantzuna bortitza izango zela, salbuespen-egoeraren zain geunden. Prest geunden (ETA, 1968).

Paradoxa dirudi ETAk indarkeriaren onurak defendatzea, indarkeriaren ondorio errepresiboak euskal herritarrek jasaten zituztela kontuan izanik, hau da, ETAk, ustez, ordezkatzen zituen haiek. Ustezko onura horiek defendatzeko, herriari autonomia eta agentzia-gaitasuna kendu behar zizkion, eta zer komeni zitzaion eta zergatik sufritu behar zuen erabakitzeko eskubidea beretzat hartu. Eta horixe egin zuen bere historia hilgarri osoan. Erakundearen aginduetara makurtzearen truke, erakundeak bere militanteei eta jarraitzaileei zerbaiten kide izatearen eta autotranszendentzia sentimendua ematen zien. 1960ko belaunaldiko etakide gazte gehienak —belaunaldi horrek hartu zuen parte V. Asanbladan eta ireki zuen indarkeriaren pandora-kutxa— fededunak ziren eta sektore katoliko nazionalisten eta Elizaren irakasbide sozialaren eraginpean sozializatu ziren. Haietako asko katolizismotik urruntzen joan ziren. ETAko militante izateak erlijio bat beste batekin ordeztea ekarri zuen (Sáez de la Fuente, 2002). Kristautasunaren berezko kultu-objektua Euskal Herriak ordezkatu zuen erlijio nazionalistan:

> Bai, sinestuna nintzen, [...] baina 18 urterekin, erlijioaz gainera, goresteko moduko beste zerbait aurkitu nuen, eta ETAn sartu nintzen. Eta orduan jende berria ezagutu nuen, biziarekin jolasten zuen jendea [...], bizitza aprobetxatu behar da merezi duen zerbait egiteko, eta zerbait hori [...] jada ez da Jainkoa, iraultza baizik, pobreak, Euskadiren askapena [...] Liluraren eta ilusioaren artean mugituz, erakundearen parahizkuntza ezagutzen joan nintzen, portaera-jarraibideak, erritoak [...] (cfr. Alcedo, 1996: 84-85).

3. ETAKO AKTIBISTAREN ERAIKUNTZA SINBOLIKOA, HEROI-MARTIRI GISA

Txabi Etxebarrieta hil zenean, lehen heroi-martiria bihurtu zen, urteetan zehar izan duen oroitzapenak erakusten duenez. ETAren ikuspegitik, gorputza galdu zuen, baina haragitzearen, uko egitearen eta sakrifizioaren "ereduak" eta haren irakaspenek bizirik iraungo zuten oroimen kolektiboan. Honela gogoratzen zuen ETAk "En memoria de un gudari" poeman:

> Euskadiko lurrean odol freskoa dago
> Martirien odola...
> Ez da gizon bat erori...
> Abertzale bat erori da!
> Traizioz eta atzetik [...]
> Gerran gaude,
> TXABI ETXEBARRIETA
> Gora Euskadi
> ASKATASUNA ALA HIL! (ETA, 1979, VIII. lib.: 323).

Heroi-martiriaren garrantzi hori erakundea desagertu arte mantendu da, baita erakundetik kanpo ere. Aktibista baten heriotza borroka berri eta handiagoen hazitzat hartzen zen, eta haren inguruko ospakizunek erritualizazio zabala zekarten (Sáez de la Fuente, 2002: 213-222). Etakide bat hiltzen zenean, egunerokotasuna hausten zen. Prentsako artikulu eta editorialak ugaritzen

ziren, pertsona eta abertzalea goraipatuz eta haren osotasuna, zintzotasuna eta sendotasuna nabarmenduz. Hala, krimenak ekintza heroiko bihurtzen zituzten. Kartelak jartzen ziren kaleetan, kandelak auzoetako izkinetan eta hainbat omenaldi egiten ziren. Sarritan, ezker abertzaleak greba orokorrerako deia egiten zuen, Euskal Herria, hildakoa "seme/alaba aparta" izanik, doluz zegoela erakusteko. Gorpua edo errautsak jaioterrira eramateak esanahi berezia zuen, "etxera itzultzea" adierazten baitzuen. Herrira iristean, hilkutxa, ikurrinaz estalia, eta hildakoa ETAko militantea izan bazen, Bietan Jarrai anagrama —sugea (abilezia) aizkora batean kiribildua (indarra)— gainean zuela, udalerriko toki esanguratsuenean jartzen zen, izan udaletxeko osoko bilkuren aretoan, izan herriko plazan. Udalbatza ezker abertzaleak kontrolatzen bazuen, ezohiko osoko bilkuran, "herriko seme/alaba kuttun" izendatzen zen. Dolu-adierazpenak Udaletxeko aurrealdean ikurrina haga erdian jartzea ere bazekarren, xingola beltzarekin. Eta herriko plazan edo beste leku enblematikoren batean plaka edo monolito bat jartzen saiatzen ziren, oroigarri gisa.

Hileta-omenaldiak ere antzekoak izan ohi ziren. Errauts-kutxa edo hilkutxa eszenatokiaren buruan jartzen zen, omenduaren argazki handi batekin. Bi kaputxadunek ETAren anagrama zabaltzen zuten, babes-oihuen artean. Ikurrinek inguratzen zuten hilkutxa edo errauts-kutxa, "Jo ta ke, irabazi arte", "Herriak ez du barkatuko" eta antzeko pankartak ere baziren. Batzuetan, sua zerion su-ontzia ere jartzen zen. Irrintzi batek, txalapartaren doinuekin batera, harrera beroa egiten zien senideei. Omenaldian, ohorezko aurreskua dantzatzen zen; bertsolariak aritzen ziren; ezker abertzaleko politikari batek edo batzuek esku hartzen zuten, hildakoaren irudia eta haren borrokaren esanahi "ezinbestekoa eta anonimoa" nabarmentzeko; eta, sarritan, Espainiako banderaren bat erretzen zen.

Ekitaldia Eusko Gudariak eta/edo langile mugimenduaren Internazionala abestuz ixten zen, ukabila goratuta. Erritu horiek heriotzaren pisua eta galera-sentimendua lausotzen lagundu zuten. Hildakoaren seme-alaba biologikoek edo Jarraiko

ordezkariek (ezker abertzaleko gazteen sektoreak izen hori izan zuen hainbat hamarkadatan) zuhaitz zati bat uzten zuten hilkutxaren gainean, sahatsa —azkar birsortzen dena— edo haritza —antzinako euskal askatasunen ikurra—, nagusiki. Horrekin irudikatu nahi zen hildako militantearen odolak lurraren eta aberriko zuhaitzaren sustraiak ureztatzen zituela eta fruitua ematen zuela hurrengo belaunaldietan, etengabe abertzale eta heroi berriak sorraraziz, "kausarekiko" konpromiso-maila bererako prest.

ARIKETA 3

Miguel Serveten *Contra el libelo de Calvino* tratatuan, Sebastián Castelliok honako hau zioen (1553): "Gizon bat hiltzea ez da ideia bat defendatzea, gizon bat hiltzea da".

Zer esango lukete biktimek aurretik norbait hiltzea eskatzen zuen heriotza horri buruz?

Gudari Eguna: indarkeria legitimatzeko ekintza eta birbiktimizazio-faktorea

1965etik, EAJk Gudari Eguna ospatu izan du urriaren 28an, 1937an El Duesoko espetxean (Santoñan) Euzko Gudarosteko 42 soldadu fusilatu zituztela gogoratzeko. Bitartean, 1970eko hamarkadaren amaieraz geroztik, ezker abertzaleak irailaren 27an ospatu du Gudari Eguna, ETA politiko-militarreko bi militante exekutatu zituzten egunean, Juan Paredes "Txiki" eta Ángel Otaegui. Telesforo Monzonen "Atzoko eta gaurko gudarien alde" leloa erabiltzen zuen ospakizun horretarako, gudarien eta etakideen arteko lotura etengabe azpimarratuz. Ezker abertzaleak Gudari Eguna ospatzea terrorismoa goratzeko ekintza izan zitekeenez, justiziak ospakizun hori debekatu egin ohi zuen, eta horrek poliziarekin istiluak sortzen zituen.

Azkeneko aldiz 2023an ospatu zen Gudari Eguna. Urte horretan, Fernando Buesa Fundazioak, COVITEk eta Gogoan-Por una memoria digna elkarteak (Bakearen Aldeko Koordinakundearen ondorengo plataformak) ekintza

hori egiteari uzteko eskatu zioten ezker abertzaleari, "ETAk eragindako indarkeria esplizituki legitimatzea eta indarkeria erabili zutenak gorestea bakearekin eta bizikidetzarekin bateraezina zelako". Erakunde horien arabera, "ezker abertzaleak, 'gudari' terminoaren jatorrizko esanahia aldatzeaz gainera [...], erakunde terroristaren ibilbide osoan zehar, erakundeko kideen propaganda-liturgia oso bat ezarri du, eta, horri esker, terrorismoa legitimatu ahal izan du eta legitimazio hori gaur egunera arte iraunarazi du". Horregatik, eskatu zioten "[...] ETAren biktimekiko gutxieneko sentsibilitatea badute eta bizikidetzaren aldeko apustua zintzoa dela erakutsi nahi badute, gaur horretarako aukera paregabea dutela, 'Gudari Eguna'ri lotutako edozein ekitaldi bertan behera utzita".

Iturria: Geuk sortua, iturri honetako datuetan oinarrituta: Aranzabal (2023).

Testuinguru horretan bertan aztertu behar da "ongi etorriei" buruzko eztabaida ere. Ongi etorriak erakundearen ortodoxiarekin eta diziplinarekin leial izan diren ETAko presoei kartzelatik ateratzen direnean egiten zaien harrera eta aitorpen publikoko ekitaldiak dira. Beren krimenengatik kondena luzeak bete dituzten eta damu-zantzurik erakutsi ez duten ekintzaileak heroi gisa hartzeak edo herrietako eta hirietako jaietan presente egoten jarrai dezaten ahalegintzeak, legezkotasuna saihestuz, funtsezko gaietan errealitatea ez dela behar bezainbeste aldatu erakusten du. Kasu zehatzetan, zalantzan jar zitekeen erantzukizun penalaren lerro lausoa gainditzen ote zuten, baina, zalantzarik gabe, biktimentzat konnotazio umiliagarriak eta birbiktimazio-arriskua adierazten zuten, eta, horrekin batera, potentzial antipedagogikoa zuten, terrorismoa goratzen baitzuten. Erakundeek zentzugabekeria horien aurrean tinko jardun ez zutenean, politika egin zuten, biktimak existituko ez balira bezala (Bilbao eta Sáez de la Fuente: 2020).

EPPK-k (Euskal Preso Politikoen Kolektiboak) 2021aren amaierara arte, hau da, ETAren behin betiko su-etenetik hamarkada bat igaro zen arte, ez zien hurbilekoei eskatu ekitaldi horiek intimitatean egiteko:

Espetxean urte luzeak eta baldintza oso gogorrak igaro ondoren kalera ateratzen den presoak senideen besarkada hartzeko eskubidea duela onartu arren, [biktimek] adierazi dute harrera-ekitaldi publikoek mina eragiten dietela. Argi eta garbi esaten dugu gure nahia sufrimendu oro arintzea eta aukera berriak irekitzea dela, zauriak sendatzen joatea eta euskal herritarren arteko bizikidetza indartzea [...]. [Ongi etorrien amaiera] [...] euskal preso politikoek bizikidetzari, bakeari eta besteen sufrimenduaren aitorpenari egiten diogun ekarpen indibidual eta kolektiboa da, baita gure eta gure senitartekoen sufrimenduari egiten dioguna ere [...]. EPPK-k uste du libre geratzean sentitzen dugun poza espetxeko atean bertan zain ditugunekin edo hartzen gaituztenekin modu diskretuan partekatzea komeni dela [...] Aurrerantzean, hurbilekoen arteko harrera besterik ez dugu nahi, espazio pribatuetan (cfr. Saiz-Pardo, 2021).

ARIKETA 4

- Ezagutzen al duzu "ongi etorrien" inguruko eztabaida? Zein dira auzitan dauden planteamenduak? Zein iritzi duzu zuk?
- Galde iezaiozu zure inguruko jendeari zer iritzi duen. Ongi etorriren batean parte hartu dute? Zilegi direla uste dute ala ez direla zilegi? Zergatik?
- Presoen Kolektiboaren komunikatuak indarkeriaren erabilera zalantzan jartzen duela uste al duzu? Zergatik?

4. BURGOSKO EPAIKETA ETA CARREROREN HILKETA: ETAREN KONDAIRA AREAGOTU ZUTEN BI GERTAERA

1960ko hamarkadaren amaieran, ETAn ideologia desberdinak zeuden, eta korronte nazionalistenen eta obreristenen arteko tentsioa islatzen zuten, nolabait: zuzendaritza berriarena (ETA VI), troskista; buruzagi historikoena, nazionalismo iraultzailea defendatzen zuena (ETA V); Brankarena, zuzendari historikoetatik hurbil zegoena eta euskal nazioaren ikuspegi etnolinguistikoaren aldekoa; eta, azkenik, *Saioak* aldizkariaren inguruko Zelula Gorriena, 1968ko Maiatzeko giroan sortutako taldea, sustrai marxistakoa.

1970eko abuztuan egin zen VI. Asanbladaren lehen zatia, eta bertan zuzendari historikoak kanporatu zituzten. Gainera, Zelula Gorriek dimisioa eman zuten —aurrerago Batasun Komunistan sartu ziren—. Erakundearen zuzendaritza berriak (ETA VI), autodeterminazio-eskubidea aitortzen bazuen ere, burgesiaren aurkako borrokaren estatu-izaera azpimarratzen zuen, baita estatu zentralizatu handien eta alderdi proletario handien egokitasuna ere. Hain zuzen ere, horrek azaltzen du Klase Frontearen aldeko hautua. *Iraultza ala Hil* zen haren leloa. ETA VIk ez zuen indarkeria bertan behera utzi, baina haren intentsitatea eta funtzioak kritikoki aztertu nahi izan zituen, indarkeriaz baliatzen zen erakunde bakarra baitzen. Jarrera horren aurrean, "historikoek" (ETA V) —*Askatasuna ala Hil* lelopean— jarrera horiek "likidazionistatzat" edo "espainolistatzat" jotzen zituzten. Haien iritziz,

Fronte Nazionala indartu behar zen, ez zegoen tarteko aukerarik: edo Euskadiren alde zegoen, edo Espainiaren eta Frantziaren alde. "Guk, euskaldunok, iraultza Euskadin eta Euskadirentzat egiten dugu. Ez gara pentsatzen jarri Espainiako herriak, Frantziakoak edo Albaniakoak autodeterminazio-eskubiderik baduen. [...]" (cfr. Bruni, 1992: 105-107).

Pixkanaka, ETA VI indarra galtzen hasi zen erakunde barruan, ETA V eta fronte militarreko sektore ultranazionalistenak nagusi zirela. Gainera, ETA VIren sektore bat gero eta identifikatuagoa zegoen troskismoaren ideologiarekin, baina gutxiengo horrek, azkenean, 1973an Liga Komunista Iraultzailearekin bat egin zuen. Liga Komunista Iraultzaileak eta EMK-k ETAren indarkeriari egindako kritikek ez zieten irizpide etikoei erantzuten, estrategikoei baizik. Diktadura amaitzean, matxinada armatuak langile-klase osoaren lorpena izan behar zuela uste zuten, eta ez ustezko abangoardia baten lorpena. Gainera, haien ustez, abangoardia hori langile-klasetik urruntzen ari zen. Bi taldeek irmo defendatzen zuten bai enpresen okupazioa eta bai ETAren indarkeria, ezarritako botereari aurre egiteko, biak ere zapalduen autodefentsarako estrategia gisa ulertzen baitzituzten (Merino, 2011: 91).

1970eko hamarkadaren hasieran, erregimen frankistaren ospe-galera areagotu egin zen, Burgosko Epaiketak jaso zituen nazioarteko kritiken ondorioz. Epaiketa horretan ETA VIren buruzagitzako 16 kide epaitu zituzten, armak legez kanpo edukitzeagatik, armak erabiliz lapurretak egiteagatik, matxinada militarragatik eta hilketagatik. Garai hartan, erakundea buruzagitzarik gabe eta bi alderditan banatuta zegoen, ETA V eta ETA VI. Gainera, ez zuen ekintzak aurrera eramateko indarrik, eta horrek zalantzan jartzen zuen *ekintza-errepresioa-ekintza* espirala. Diktadurak, bere barne-desadostasunek eraginda, makroprozesua oposizio osoarentzako eskarmentu eta, agian, ETA desagerrarazteko bide gisa planteatu zuen. Baina kontrakoa gertatu zen: auzipetuek frankismoaren aurkako oposizio osoaren elkartasuna piztu zuten, baita nazioartean ere, garai hartan erakundea herri zapaldu baten askatasunaren alde borrokatzen zuen talde separatistatzat hartzen

baitzen. Diktadurak, salbuespen-egoera ezarriz, edozein mobilizazio erreprimitzen zuen bitartean, erruki-eskaerak iritsi ziren, bai herrialdearen barrutik eta bai kanpotik, tartean Espainiako Gotzainen Biltzarretik eta Vatikanotik. Epaiak heriotza-zigorra ezarri zien sei auzipeturi (ulertezina izan arren, bi heriotza-zigor ezartzen zizkien bakoitzari), baina, bi egun geroago, Francok epai horren ordez betiereko kartzela-zigorra ezarri zien, dagoeneko hondatua zuen irudia gehiago ez kaltetzeko.

Diktaduraren aurkako garaipen politikoaren ondorioz, ETAko aktibisten kopurua nabarmen handitu zen. Joera horrek lehen hauteskunde demokratikoen aurreko aldira arte (1977) iraun zuen. Izan ere, euskal gazteriaren sektore esanguratsu batek zinez sinetsi zuen Burgosko Epaiketaren helburua Euskal Herria behin betiko desagerraraztea zela zioen mitoa. Herria indarrez menderatu nahi zen, eta ETA horren aurreko erresistentziaren ikur zen. Hala ere, ETA Vek kapitalizatu zituen prozesuaren etekinak; ETA VIren indarra, berriz, itzaltzen joan zen.

Testuinguru horretan, erakundeak oligarkia industrial eta finantzarioaren aurkako zuzeneko hainbat ekintza eta eraso egin zituen, eta horien bidez "borroka armatuaren" eta "masa-borrokaren" arteko harremanaren garrantzia erakutsi nahi izan zuen. Horrela, "iraultza-zerga" deritzonaren bilketa aktibatu zen. Okerreko izen horrek enpresaburuei, zuzendariei eta profesional liberalei egindako estortsio ekonomikoa adierazten du, beldurrarazteak, jazarpenak, bahiketak eta/edo hilketak erabilita. Zerga horrek ETAri aukera eman zion, euskal langile-klasearen ordezkari bidegabe bihurtzeko ez ezik, baita finantza-baliabideak eskuratzeko ere, ordurako oso urriak. Demokrazia iritsi eta sendotzearekin batera, ETAren bahiketen helburua armak erosteko eta bere aktibistei ordaintzeko dirua biltzea izango zen, nahiz eta erreskateak legimizatzeko argudio gisa dirua herriaren askapenaren eta herri-borroken zerbitzura inbertituko zuela esaten jarraitu (Sáez de la Fuente, 2017).

ETAk Luis Carrero Blanco Francoren hurbilekoa bahitzea pentsatu zuen, kartzelan zeuden ETAko presoekin trukatzeko. Kolaboratzaile-sare esanguratsu batekin, beharrezko azpiegitura

sortu zuen Madrilen, zulo bat barne. Baina Carrero Blanco almirantea Gobernuko presidente izendatu zutenean eta bere segurtasuna indartu zenean, komandoak hiltzea erabaki zuen. Almirantearen aurkako atentatu ikusgarrian, 1973ko abenduaren 20an, Carrero Blancoren autoak 35-40 metro egin zuen hegan, Jesusen Lagundiaren eraikin baten teilaturaino. Carrero Blancoz gainera, eskoltetako bat (Juan Antonio Bueno) eta autoaren gidaria (José Luis Pérez) hil ziren. Ekintza horrekin, ETAk Euskal Herriko errepresio-uholdeari erantzuteaz gain, bere ospea elikatu nahi izan zuen, bere burua diktadorea hil ondoren frankismoaren jarraipena saihestea lortu zuen eta Euskal Herriaren "borroka" ikusarazi zuen erakunde gisa aurkeztuz.

Manzanas bezala, Carrero biktimagile eta biktima izan zen (Bilbao, 2009), baina Manzanas bezala, biktimagile gisa bakarrik gogoratzeko joera nagusitu zen. Carreroren hilketa erakunde terroristaren eskala handiko lehen ekintzetako bat izan zen, eta oihartzun politiko handia izan zuen nazioan eta nazioartean. Hasieran, ezustekoa izan zen baina, ondoren, frankismoaren aurkako oposizioaren gehiengoaren eta, batez ere, euskal gizarteko sektore esanguratsuen babesa jaso zuen. Urte asko geroago ere, hainbat herritako jaietan, belaunaldi desberdinetako pertsonek beren jertseak airera botatzen jarraitzen zuten, oihuka abesten zuten bitartean: "*Voló, voló, Carrero voló!*". Horrek, kontzienteki edo oharkabean, ETAren kapital sinbolikoa elikatzen zuen, eta indarkeriaren aldeko hautua legitimatzen laguntzen zuen.

<table>
<tr>
<th>'Carrero Blanco' abestia (Soak taldearena)</th>
<th>Gazteek sare sozialetan erabili izan dituzten esaldiak</th>
</tr>
<tr>
<td rowspan="2">Carrero Blanco ministro naval
tenía un sueño volar y volar
hasta que un día ETA militar
hizo su sueño una gran
realidad.

Voló, voló, Carrero voló
y hasta las nubes llegó
Voló, volo, Carrero voló
y hasta las nubes llegó
¡Ay Carrero!
¡Ay Carrero!</td>
<td>Aitor Cuervo Twitterren: "¿Carrero Blanco víctima? Dais asco" (2016).

César Strawberry abeslaria Twitterren (2017ko urtarrila). "Franco, Serrano Suñer, Arias Navarro, Fraga, Blas Piñar… Si no les das lo que a Carrero Blanco, la longevidad se pone siempre de su lado".</td>
</tr>
<tr>
<td>Auzitegi Gorenak doktrina bateratu zuen eta horrelako ekintzak ez zirela ideologia- eta adierazpen-askatasunaren bidezko jardun adierazi zuen. Aitzitik, terrorismoa goratzeko delitu zirela esan zuen, gorroto-diskurtsoak eta biktimak iraintzeko eta umiliatzeko diskurtsoak justifikatzen zituztenak (Auzitegi Gorenaren 4/2017 epaia, 2017ko urtarrilaren 18koa).

Iturria: Geuk sortua, iturri honetako datuetan oinarrituta: Vlex (2017).</td>
</tr>
</table>

5. MILIEN ETA POLIMILIEN ARTEKO TENTSIOAK: NOR GERATZEN DA SIGLEKIN ETA ZERGATIK?

Diktaduraren amaieran, beste tentsio- eta eztabaida-ziklo bat sortu zen erakundearen barruan. Ziklo horrek ETA politiko-militarra (polimiliak) eta ETA militarra (miliak) izena hartu zutenen arteko haustura ekarri zuen. Aurreko hausturetan ez bezala, batzuen eta besteen arteko desadostasuna ez zen funtsean ideologikoa izan (nazionalismoa *versus* obrerismoa), estrategikoa baizik. Garai hartan, bi alderdi horietako batek ere ez zuen zalantzan jartzen nazionalismoa, ezta sozialismoa ere, eta ez zion uko egiten indarkeria erabiltzeari. Era berean, frankismoaren amaiera hain gertu egonik, bi taldeek bazekiten nolako garrantzia zuen eremu politikoko borrokak. Eztabaidaren muina "borroka armatua" eta "masa-borroka" artikulatzeko moduan eta horietako bakoitzean protagonista nork izan behar zuen erabakitzean zegoen. ETA politiko-militarrarentzat —talde nagusia—, arlo politikoak eta militarrak norabide berean eta batasun organiko beraren pean jardun behar zuten, estuki lotutako bi jarduera baitziren; hala egiten ez bazuten, talde militarra masetatik aldentzeko eta militarismo hutsean erortzeko arriskua ikusten zuen (ETA, 1979, XVIII. lib.: 62). Bestalde, ETA militarra (1975) —talde txikiena—, polimiliekin bat zetorren masa-erakundeak eta langile eta herritar talde independentistak sortzea eta garatzea bultzatzeko edozein lege-baliabide aprobetxatzean, baina fronte militarra gainerakoengandik bereizteko beharra defendatzen zuen. Haren ustez, ETAk ez zuen demokraziaren legezkotasunean sartu behar eta, aparatu militar gisa, egitura

klandestinoari eutsi behar zion, errepresioak masak ez zapaltzeko eta erakundearen xedeak lortzea indarkeriazko jardunaren aurka zeuden indar politikoekiko konpromisoen mende ez jartzeko. Bigarren sektore hori nagusitu zen azkenean erakundean, harik eta ETAk bere burua desegin zuen arte. Eta indarkeriaren gurtza areagotu zen, ikuspegi mesianiko eta askatzailean oinarrituta.

VI. Asanbladaren bigarren zatian (1975eko urtarrilean), polimiliak protagonista zirela, "borroka armatua" eta "masa-borroka" uztartzeko beharra berretsi zen. ETA politiko-militarrak ezinbestekotzat zuen euskal ezkerreko alternatiba bat aurkeztea, jarrera apurtzailea defendatuko zuena erregimen-aldaketa posible baten aurrean, erregimen hori diktaduraren luzapen hutsa izango zela uste baitzuen. Ekintza armatuari dagokionez, polimiliek behin betiko hautsi zuten hirugarren munduko eskema, borroka luze baten ondoren "etsaiaren" gaineko garaipen militarra lor zitekeela ziurtatzen zuen hura. Horren ordez, "higadura-gerraren" estrategia proposatzen zuten, Estatua ahulduz, negoziazio politikora behartuko zuena. Urtebete geroago, VII. Asanbladan (1976), legezkotasunaren barruan jardungo zuen alderdi politiko bat sortzea eta "borroka armatuaren" etorkizuna izan ziren eztabaidagai nagusiak. ETAk praktikan bi borroketan parte hartzea ezinezkoa zela ikusita, Eduardo Moreno Bergaretxek (*Pertur*) idatzitako Ponentzia garaileak —*Otsagabia* izenekoak— "bitan banatzearen" beharra defendatu zuen. "Masa-borrokari" lehentasuna eman behar zitzaion hauteskunde-emaitzen aurrean, eta borroka hori alderdi iraultzaile batek egin behar zuen, legearen barruan. Alderdi horren babes-egiturak erakunde armatua baino askoz ere zabalagoa behar zuen izan. Horrekin batera, "borroka armatua" ETAk gauzatu behar zuen, ikuskera politiko-militar batekin. Ikuskera horrek indarkeria "masa-borrokaren" mende egongo zela bermatzeko harremanetako modu eta diziplina ideologikoak eskatzen zituen, "masa-borroka" izango baitzen agertoki berri horren protagonista.

ETA politiko-militarraren barruan sektore erradikalizatuago bat bazen, Bereziak deitutakoa (komando bereziak), hain zuzen ere. Atzera bueltarik gabeko desadostasunak izan zituzten erakundearen zuzendaritzarekin eta, azkenean, *Otsagabia* ponentzia

onartu zenean, erakundea utzi eta miliekin bat egin zuten (1977ko urria). Berezien iritziz, polimiliak alderdi politiko bihurtu eta indarkeria erabiltzeari utzi behar zioten, erakundearen jarduera armatua baldintzatu gabe. Desadostasun horiek azaltzen dute ETA militarrak zergatik ez zuen babestu Euskal Iraultzarako Alderdia (EIA), 1976an polimiliek sortutakoa. Alderdi horrek, ezkerreko beste euskal indar batzuekin batera, zerrenda bat sustatu zuen (Euzkadiko Ezkerra-EE) demokraziako lehen hauteskundeetan parte hartzeko (1977ko ekaina). Bestalde, ETA militarrak 1977an Herriko Alderdi Sozialista Iraultzailea (HASI) eta 1978an Herri Batasuna (HB) sortu zituen, azken hori hauteskunde-koalizio gisa.

Pertur. 'Mende erdia familiarentzako berririk gabe

Pertur Donostian jaio zen, 1950ean. 1972an, Bilbon poliziarengandik ihes egin ondoren, Frantziara erbesteratu zen. ETA politiko-militarreko buruzagia izan zen, Bulego Politikoko arduraduna eta *Otsagabia* potentziaren burua.

Pertur 1976ko uztailaren 23an desagertu zen, Iparraldeko hitzordu batera zihoala. Bidean, etakideak Miguel Ángel Apalategui, *Apala,* eta Francisco Mujika, *Pakito,* topatu zituen, eta autoz eramango zutela esan zioten. *Apala* eta *Pakito* ETA politiko-militarreko Bereziak taldekoak ziren. ETA politiko-militarreko zuzendaritzaren eta Bereziak taldearen arteko liskarra areagotu egin zen Ángel Berazadi nazionalistaren bahiketaren eta hilketaren ondorioz. Hain zuzen ere, ETAk hil zuen lehen enpresaburua izan zen. *Pertur*rek proposatu zuen erreskatea lortu ondoren, aske uztea. Baina Bereziek hiltzea erabaki zuten. Gainera, Bereziek *Pertur* bere borondatearen aurka atxiki zuten desagertu baino bi hilabete lehenago, ETA politiko-militarreko arduradunen biltzar batean parte har ez zezan. Azalpenak eskatu zizkietenean eta gehiengoak bertaratzeko eskatu zuenean, askatu egin zuten eta, azkenean, biltzarrean parte hartu ahal izan zuen. Baina, zorigaiztoko uztailaren 23 hartan gertatutakotik, gauza bakarra baieztatu ahal izan da: aipatutako etakideekin elkartu zela eta autoan sartu zela.

Frantzian egindako eginbideei 1977ko hondarrean eman zitzaien amaiera, kasuaren largespenarekin; izan ere, auto judizialaren arabera,

ikerketek "ez dute ahalbidetu zer gertatu zen jakitea, ezta *Perturri* egin izandakoaren gertaeren egileak zein diren jakitea ere". Bahiketa eta hilketa ultraeskuineko talde armatuek hartu izan badute ere bere gain, 1978az geroztik, familiak beti izan du Bereziak taldearen susmoa. Miliek familiari erantzun zioten behin eta berriz esanez salaketa horiek Espainiako eskuinaren maniobra bat zirela, susmoetan oinarrituta, baina "inolako frogarik gabe". Hala ere, berrogeita hamar urte hauetan, *Perturrek*, desagertu baino egun batzuk lehenago, Lourdes Auzmendi neska-lagunari erakundearen jarrera sektarioa salatuz bidali zion gutuna argitaratu dute hainbat komunikabidek. Horixe bera egingo zuen hamarkada bat geroago ETAk hil zuen María Dolores González Katarainek ere —*Yoyes*—: "Pizti horiek erakundean sortu duten giroa ikusirik, esan daiteke ETA ez dela kolektibo iraultzaile bat, baizik eta estatu-polizia bat: bakoitzak bizilagunaren susmoa du, eta horrek bestearena. Giro horrek ez die guztiei berdin eragiten [...] Ikuspegi horretatik, esaten dizut ez nagoela ongi, konspirazioen, asmakerien, gezurraren infernu-dinamika hori gainetik kendu ezinik bainabil. Dinamika horrek aurkari politikoak bazterrean utzi nahi ditu, baina ez eztabaida politikoaren bidez, baizik eta diziplinaren eta segurtasunaren izenean egindako maniobra zikinen bidez" (Villanueva, 2012).

Hogeita hamabi urte geroago, Fernando Andreu Auzitegi Nazionaleko instrukzio-epaileak tramiterako onartu zuen Álvaro Morenok eta Marta Bergaretxek aurkeztutako kereila, semearen desagerpena iker zedin. Ikerketa horretan, bi hipotesi identifikatu ziren: batak Bereziei egozten zien erantzukizuna, eta besteak zioen desagerpena Espainiako polizia-zerbitzuetako kideek egina izan zitekeela, zuzenean edo Espainiako muturreko erakundeetako mertzenarioek edo Italiako neofaxistek lagunduta.

Instrukzioa lau urtez garatu zen. *Perturren* neska-lagunak epailearen aurrean adierazi zuenez, Nikaraguan *Apalarekin* topo egin zuen ETAko kide ohi batek kontatu zion haiek "bahitu, hil eta itsasora bota zutela" (Viana, 2022). Baina ezin izan zen kontakizun horren egiazkotasuna frogatu. 2012an, epaileak kasuaren behin-behineko largespena agindu zuen. Ondorioztatu zuen, familia gogor saiatu arren, "[...] ez zegoela nahikoa zantzu pertsona jakin bat edo batzuk desagertzearen erantzuletzat inputatzeko" (cfr. EHUko Giza Eskubideen eta Botere Publikoen

Katedra, 2017: 27). Gaur egun, oraindik ere familiak borrokan jarraitzen du *Perturri* zer gertatu zitzaion, haren desagerpenean nor egon zen inplikatuta eta haren gorpuzkiak non dauden jakiteko.

Iturria: geuk sortua.

Pertur kasuan sakontzeko, Iñaki Martínezen *Manto de silencio* (2025) eleberria irakurtzea gomendatzen da.

Urte horietan, euskal gizarteak demokraziarako trantsiziorako funtsezko bi erreferendum izan zituen, lehena, Konstituzioaren onarpenari zegokiona (1978) eta, ondoren, Gernikako Autonomia Estatutuarena (1979). Bi ETAk ez zetozen bat erreferendum horien aurrean hartu beharreko jarrerari buruz. Konstituzioaren kasuan, miliek abstentzioa defendatu zuten, haien ustez, Konstituzioa ez zegokielako —espainiartzat jotzen zuten—. Bestalde, polimiliek Euskadiko Ezkerraren kontrako botoarekin bat egiten zutela adierazi zuten publikoki, uste baitzuten horrek aukera emango ziela autonomia-estatutu nazional bat negoziatzeko maniobra-marjina handitzeko. Gernikako Estatutuari dagokionez, polimiliak alde agertu ziren, eta miliak, berriz, guztiz kontra, deszentralizazio-neurri soiltzat hartzen baitzuten eta, gainera, beste hainbat ondorio baitzituen: autodeterminazio-eskubidea ukatzea, Nafarroa kanpoan uztea berrestea, euskara eta gaztelania parekatzea, Espainiako segurtasun-indarrak bertan jarraitzea bermatzea, eta langileen interesen aurka egitea.

Erreferendumean parte hartu zuten euskal herritarren % 90ek baiezko botoa eman zioten Gernikako Estatutuari, eta % 5ek baino ez kontrakoa. Euskal herritarren % 41 abstenitu egin zen, eta Herri Batasunak inpugnazio gisa interpretatu nahi izan zuen hori. Hala ere, ehuneko hori Kataluniako Estatutuari buruzko erreferendumean izandako abstentzioa baino pixka bat txikiagoa da (% 40), eta Galiziakoa baino askoz txikiagoa, hartan herritarren ia

% 72 abstenitu baitzen. Horrek berresten du José Luis de la Granja historialariaren tesia, alegia, Gernikako Estatutuak lortu zuela "trantsizioaz geroztik autonomia-erkidegoetako estatutu guztien artean herritarren babesik handiena" (cfr. Fernández Soldevilla eta Jiménez Ramos, 2020: 97). Hala ere, erreferendumak egin ondoren, bi ETAk indarkeriaren erabilera intentsiboa egiten jarraitu zuten.

1980. urtea, Eusko Legebiltzarrerako lehen hauteskundeen urtea, Franco hil zenetik gordinena izan zen, polimilien, komando autonomoen eta, batez ere, milien ekintzengatik (baina ez horiengatik bakarrik). Bere helburu politikoak beteko zituen autonomia-estatutuaren aldeko negoziazio-jarrera indartzeko, ETA politiko-militarrak indarkeriaren erabilera areagotu zuen, oihartzun handiko atentatu selektiboen bidez, besteak beste Espainiako interes turistikoen aurka egindakoak edo garai hartan Espainian gobernatzen zuen Unión de Centro Democrático (UCD) alderdiko buruzagien aurka egindako bahiketak edo atentatuak. Horrek estualdi batean jarri zuen EE-Euskadiko Ezkerra. Beraz, polimiliek "ETA biguna" ordezkatzen zutela eta miliek "ETA gogorra" adierazten zutela dioen ideia hain zabaldua ez dator bat errealitatearekin. Guztira, ETAren bi adarrek eta Komando Autonomoek ia ehun pertsona hil zituzten urte horretan, pertsona bat hiru egunean behin. Paradoxa da erreferendumean parte hartu zuten hamar pertsonatik bederatzik Gernikako Estatutuaren alde eta, horrekin batera, Euskal Autonomia Erkidegoan demokrazia instituzionalizatzearen alde bozkatzea eta erakunde terroristak, berriz, indarkeriaren erabilera justifikatzen jarraitzea, Euskal Herriaren interesak defendatzeko estrategia beharrezkoa eta saihestezina zelakoan, Euskal Herriaren ordezkari bakarra izango balitz bezala. Bide horri eutsi zioten erakundeko aktibista gehienek amaierara arte. Erakundearen krimenen % 95 demokrazia-garaian egin zituzten; horrek erakusten du, askok egotzi zioten maskara antifrankistaren azpian, aurpegi erabat antiespainolista eta totalitarioa ezkutatzen zela.

Estatu-kolpearen saiakera ezkutuan antolatzen ari zen garaian (1981eko otsailak 23), eta "sable-hotsa" eta balizko inboluzio

politikoa behin eta berriz aipatzen zirenean, ETA politiko-militarraren beso politikoak jarduera armatuaren amaiera eskatu zuen ofizialki. Handik hilabetera, eta barne-zatiketen erdian, polimiliek su-eten mugagabea iragarri zuten, ordain politikorik gabe. Aitzitik, ETA militarrak ziurtatu zuen otsailaren 23ko estatu-kolpearen ahalegina boterearen aparatuen barne-berrespena izan zela, eta, horregatik, indarkeria erabiltzen jarraitzeko borondatea adierazi zuen. Sinetsita zegoen polimilien su-etenak –EEk Barne Ministerioarekin bat eginez bultzatu zuenak– ETA eta ezker abertzalea ahultzea zuela helburu, damutuaren irudiaz baliatuta.

1982an, VIII. Asanbladak "borroka armatua bai/borroka armatua ez" eztabaida izan zuen ardatz. "ETA politiko-militarra VII. Asanblada" izeneko sektoreak berariaz uko egin zion armak erabiltzeari; "ETA politiko-militarra VIII. Asanblada" izeneko sektoreak, berriz, nahiz eta minoritarioa izan, indarkeriarekin jarraitzeko erabakia hartu zuen, uste baitzuen estatutuaren garapen handiena lortzeko balioko zuela. Baina laster, azken talde hori desegin egin zen, ziur aski bizirik irauteko zituen aukera urriez jabetuta. Kideetako asko milien taldera igaro ziren. Polimili gehienak gizarteko bizitzara itzuli ziren, gizarteratze-politikari esker, egindako krimenengatik inolako erantzukizun penalik beren gain hartu gabe, zigorrik gabe geratu direnak. Ez zen armak emateko inolako ekitaldirik egin; guztiak gelditu ziren ETA militarraren eskuetan. Horrela iritsi zen ETA politiko-militarraren behin betiko desegitea. Orduz geroztik, ETA militarra izan da ETA bakarra, 2018ko maiatzean bere ibilbidea amaitutzat eman zuen arte. Aldian behin, polimili izandako batzuek erakundeak helarazten zizkien heriotza-mehatxuak salatu izan zituzten. Zenbait kasutan, mehatxu horiek ETAren amaierara arte iraun zuten. Gogoan izan, esate baterako, Mario Onaindiak jasandakoak, PSE-EE alderdian egoteagatik; haren "traizioagatik" eta "aberriaren aurkako krimenengatik" ordaindu beharreko prezioa izan zen. Polimiliek:

> [...] bilakaera konplexua izan zuten, terrorismoarekiko konplizitatetik bakearekiko konpromiso zibikora igaro ziren, erakundeen ikuspegi instrumentaletik ("demokrazia burgesa" barrutik eraisteko

plataformatzat hartzen zituzten) Konstituzioaren esparrua onartzera, komunismo iraultzailetik sozialdemokraziara, eta independentismotik autonomismora. Trantsizio-garaian, bide horretan mugarria, beharbada, 1979ko Gernikako Estatutuari emandako babesa izan zen. Estatutua Euskadi Espainian kokatzeko irtenbidea ez ezik, euskal gizarte oso pluralaren bizikidetza ziurtatzeko modurik onena ere izan zen. Juan Mari Bandrés EEko legebiltzarkidearen esanetan, "Estatuaren" aurkako gatazka armatuari amaiera ematen zion "bake-hitzarmena" zen (Fernández Soldevilla, 2013: 97).

6. 'HEROI' IZATETIK 'TRAIDORE' IZATERA: INDARKERIAREKIKO 'DESENGAINUAREN' BIDESARIAK

Polimilien ondoren, ez zen irteera kolektibo gehiagorik izan. Erakundea uzteko banakako erabaki gutxi batzuk izan ziren, eta garesti ordaindu zuten erabaki hori. 1980ko hamarkadaren hasieratik, ETAren eta haren inguruaren endogamia gero eta handiagoak "Gure" (Euskal Herri erresistentea) eta "Besteen" (etsaiak, Espainia eta Frantzia, Euskal Herria deuseztatu nahi zutenak) arteko errealitatearen ikuspegi manikeoa areagotzen lagundu zuen. Horrez gain, etsaitzat hartzen hasi ziren iraganean erakundeko militante izan eta, militarismoa handitzen ari zela ikusirik, hura uztea erabaki zutenak. Edozein disidentzia zela medio, protagonista heroi izatetik traidore izatera igarotzen zen. Traidorea komunitate abertzaletik kanpo uzten zen, heriotza sinbolikoaz baliatuz edo, kasurik larrienetan, deuseztatze fisikoa erabilita. Neurri horiek mekanismo pedagogiko eredugarri gisa erabiltzen ziren, baita komunitatearen mugak indartzeko tresna gisa ere.

2000ko lehen hamarkadaren amaieran, hogei bat presok beste fase bat ireki zuten: ETArengandik aldentzeko eta hausnartzeko banakako prozesuen ondoren, Rodríguez Zapateroren Gobernu sozialistak azken su-etenak (2006) porrot egin ondoren diseinatutako gizarteratze-alternatiba bat, "Langraiz bidea" deitutakoa, hartzea erabaki zuten. Nahiz eta ezin den inola ere interpretatu erakundean zatiketa eragin zuen irteera kolektibo moduan, prozesuak talde-dimentsio esanguratsua izan zuen, eta eztabaida bizia

eragin zuen erakundean eta haren ingurune politikoan. Horrek azaltzen du izan zuen oihartzun politiko eta mediatikoa eta indarkeria deslegitimatzeko duen garrantzia.

SOLAUN ETA *YOYES*: 'TRAIZIOA' ORDAINTZEAREN BI ADIBIDE PARADIGMATIKO 1980KO HAMARKADAN

Mikel Solaun ETAko kidea izan zen 1960ko hamarkadan. Basauriko kartzelan espetxeratu ondoren, 1970ean ihes egitea lortu zuen, beste 14 etakiderekin batera. Frantzian bizi izan zen, Amnistia Legea (1977) onartu arte, eta, ondoren, Euskal Herrira itzuli zen, bere bizitza erakundetik kanpo berregiteko. Hala ere, 1980ko hamarkadaren hasieran, ETA militarrak eskatu zion berak zuzentzen zuen eta Guardia Zibilarentzat etxebizitzak hartuko zituen eraikin batean lehergailu batzuk jartzen uzteko. Hori egin ezean, traidoretzat hartuko zuten eta hala jokatuko zuten berarekin. Solaunek baiezkoa eman zuen, baina, sarraski bat gerta zitekeelakoan, ez zuen lehergailua konektatu eta, gainera, telefono bidezko abisu bat eman zuen; horri esker, lehergailuak aurkitu ahal izan zituzten. Komandoko kideak eta bera atxilotu zituzten. ETAri laguntzea leporatu zioten eta Soriako espetxean bete zuen lau urteko kartzela-zigorra. "Traidore" izatea leporatuta, miliek behin baino gehiagotan jipoitu zutenean, beste preso batzuek babestu behar izan zuten. Azkenean, aske utzi zuten, bere bizitza arriskuan zegoelako. Baina ezin izan zuen Euskaditik alde egin. 1984ko otsailaren 4an hil zuten, kafetegi batean, emaztearen eta alaben aurrean (COVITE, 2025).

José Miguel Beñaránen (*Argala*) eskutik, *Yoyes* ETA militarraren buruzagitzara iritsi zen lehen emakumea izan zen, 1970eko hamarkadaren bigarren erdian. Handik urte gutxira, Batallón Vasco Español erakundeak *Argala* hil eta gero (1978), eta "berunezko urteak" deiturikoak ekarriko zituen ETAren bilakaera militaristaren garaian, erakunde armatua uztea erabaki zuen diskrezioz, eta sei urte eman zituen Mexikon (1979-1985). Herrialde hartan ikasketak egin zituen eta seme bat izan zuen, bikotekidea Euskadin

zegoen bitartean. Urte batzuk geroago, 1986ko urrian, Jose Antonio Lopez Ruizek (*Kubati*) María Dolores hil zuen, seme txikiaren aurrean, Ordizian, beraren jaioterrian, herriko jaietan. Atentatua jazarpen- eta estigmatizazio-prozesu gogor bat jasan ondoren gertatu zen. Ordurako, hainbatetan ikusi ziren "*Yoyes*, salatari", "*Yoyes*, traidore" edo "*Yoyes* hilda zaude" zioten pintadak. ETAk argitaratu zuen komunikatuan, bere buruari eta Euskal Herriari traizio egitea leporatu zion. Ezker abertzaleko militante batzuek ere antzeko hitzak izan zituzten: "Militantearen askatasunak muga handiak ditu, berak onartuak eta bere buruari ezarritakoak; izan ere, kolektibo baten zerbitzura dago, kolektibo horrek demokratikoki onartutako erabakien zerbitzura [...] Kolektibo hori publikoki uztea etsaiarekin kolaboratzea da [...]" (cfr. Sáez de la Fuente, 2002: 174). Setio hori ikusita, *Yoyes*ek bere egunkarian sendo arbuiatzen zituen heroi eta traidore hitzak kontrajartzearen azpian zegoen manikeismoa eta ETAk nola manipulatu eta deshumanizatu zuen. Era berean, gogor salatzen zuen erakundearen indarkeriazko espirala:

> [...] Jendeak mitoak sortzen ditu bedeinkatzeko edo kondenatzeko [...] Mito horretan, mitoaren substratua den hezur-haragizko pertsona substratu besterik ez da, ez da gizakia [...] Nola babestuko dut HB, jite faxistako militarismo baten pailazo bihurtu bada? Nola identifikatuko naiz ETAren atentatuak txalotu eta hildako gehiago eskatu besterik egiten ez duten buruzagiekin? [...] (Yoyesen Lagunak, 1996: 64, 66-67 eta 70).

*Yoyes*en hilketak iritzi publikoa hunkitu zuen, indarkeriaren aurkako herri-mobilizazio hasiberria bultzatu zuen, eta haren lagunek, tartean polimili ohi batzuek, atentatuaren aurka ahotsa altxatzea ekarri zuen.

LANGRAIZERAKO BIDEA

Parte-hartzaileetako bat ere ez zen "Langraiz bidea" esamoldearekin identifikatzen. Erredukzionista iruditzen zitzaien. Izan ere,

garrantzia kentzen zien parte-hartzaileetako bakoitzak, espetxean zeuden bitartean, egin zuen introspekzio- eta autokritika-prozesu luze eta konplexuari, beti ere, Langraiz Okako (Araba) espetxera eraman aurretik.

ETAk Bartzelonako Hipercor hipermerkatuan egindako atentatu izugarriak (21 hildako eta 45 zauritu eragin zituen) eta Zaragozako Kuartel Etxearen kontrakoak (11 hildako utzi zituen, horietatik 6 adingabe), biak 1987an, erakundeko presoen kolektiboko kide batzuen artean zalantzak sortu zituzten "borroka armatuarekin" jarraitzearen egokitasunaren inguruan. Zalantza horiek areagotu egin ziren Espainiako Gobernuak eta ETAk indarkeriari irtenbide bat bilatzeko Aljerren izan zituzten elkarrizketek porrot egin ondoren (1989). Humberto Unzuetaren arabera, Aljerreko prozesuak ez zuen arrakastarik izan, neurri batean ETAn negoziazio-kultura politikorik ez zegoelako eta erakundeak indarkeriaren aldeko hautua berretsi zuelako, barne-eztabaidarako edozein aukera itxiz, milien eta polimilien arteko hausturaren zauriak oraindik odoletan zeudenean (2016: 42-43).

Erakunde terroristaren buruzagitza Bidarten burugabetu ondoren (1992), erakundeak eta haren inguruak itsu-itsuan aurrera egitea erabaki zuten. "Sufrimenduaren sozializazioa" izena eman zitzaion erabaki horri. Estrategia horren bidez, ETAk biktima potentzialtzat hartu zituen, Estatuko Segurtasun Indar eta Kidegoetako ordezkariez gainera, alderdi politiko ez-nazionalistetako kideak, epaileak, kazetariak, edo antzera pentsatzen ez zuten intelektualak. Eta, aldi berean, ezker abertzaleak eta, bereziki, gazte-sektoreak, jazarpen- eta beldurrarazte-estrategia horri lagundu zion, kale borroka askotan erabiliz. Horrekin lortu nahi zen indarkeria urrunetik eta erakundearen eta poliziaren arteko liskarretara mugatuta bizi izan zuten herritarrek liskar hori beren haragitan sentitzea eta, horri esker, Estatuari ETArekin negoziatzeko presioa egitea. Miguel Angel Blanco Ermuko Alderdi Popularreko (PP) zinegotziaren bahiketa eta hilketa (1997) erabakigarria izan zen euskal gizartea indarkeriaren aurka mugitzeko. Historian lehen aldiz, Ertzaintzak Herriko Tabernak (Herri Batasunaren egoitzak) babestu behar izan zituen, herritar hunkituen

amorrutik. Koalizio abertzaleko kideek eta kide ohiek honakoa azpimarratu izan dute:

> Esan dezagun ez zela Berlingo Harresia erortzea bezala izan, hura bat-batean erori baitzen, inork espero izan gabe. Baina, jakina, egun haietan gertatu zen guztiak eztabaida bizia piztu zuen [...]. Tamalgarria da esatea, baina harridura handiagoa sortu zuen herritarren erreakzioak ekintzak berak baino [...] [estrategia izan zen] [...] inor tokitik ez mugitzea (cfr. Guadilla, 2022).

Preso gehienek hilketa ospatu zuten arren, batzuk ez zeuden harekin ados, tartean erakundeko eta buruzagitzako militante nabarmen batzuk. Blanco hil eta hilabetera, Kepa Pikabea, Rosario Pikabea eta José Luis Álvarez Santacristina (*Txelis*) ETAko presoek indarkeria erabiltzearekin ez zeudela ados adierazi zuten eta barne-eztabaida elikatu zuten, ezker abertzaleko kideei zuzendutako gutun baten bidez. Dokumentuak hiru presoak erakundetik kanporatzea ekarri zuen. Idazkiak gatazka politikoaren eta indarkeriazko gatazkaren arteko harreman estuari buruzko ohiko erretorikari eusten zion, baina indarkeria erabiltzen jarraitzearen egokitasun etikoari eta estrategikoari buruzko gogoeta kritikoak ere jasotzen zituen. Egileek azpimarratzen zuten ez Estatuak eta ez ETAk ez zutela "gizatasun-zantzurik", eta bai "borroka armatuak" bai kale borrokak giza kostu handia eragiten zutela, ikuspegi etikotik justifikaezina. Gainera, euskal gizartearen gehiengoak ere indarkeria baztertzen zuen. ETAri su-eten iraunkorra egitea proposatzen zion, indar politiko eta erakunde abertzaleen artean aliantzak bilatzea autodeterminazio-eskubidearen alde —horren emaitza izan zen Lizarrako Ituna (1998)—, eta desobedientzia zibileko eta indarkeriarik gabeko erresistentziako ekintzak egitea. Baina testuak ez zuen biktimei buruzko inolako aipamenik egiten, ezta damuari edo bidegabeki eragindako kalteari buruzko aipamenik ere.

Gure estrategia abertzaleari buruz, 1997

Eskaintzen ditugun gogoetak [...] kritikoak eta autokritikoak dira, guztiok baitugu erantzukizunen bat atzoko eta gaurko errealitate tristearen aurrean. [...] lerro hauek [...] ekarpen xumea eta zintzoa izan nahi dute Ezker Abertzale osoak —eta [...] Euskal Herriko gainerako sektore politiko eta sozialek— berandu baino lehen hasi behar duten eztabaida publiko sakonerako.

[...] ikusten ari gara egunez egun larriagotzen ari dela liskar armatuaren gogortasuna, eta inork, ez Gobernuak eta haren mendekoek, ez ETAk, ez dutela gizatasun-zantzurik erakusten. [...] ETAren borroka armatuaren ondorioak ere beldurgarriak dira [...] "Kale borroka" delakoaren sabotajeen ondorioak oso larriak dira, eta, askotan, justifikaezinak.

[...]

Azaldu nahi ditugun ideia nagusiak adierazteko, hiru egiaztapen nagusi baino ez ditugu azpimarratuko [...]: 1) Espainiako botereak aspalditik ari dira gatazka armatuari errentagarritasun politiko eta sozial handia ateratzen, gure herriaren orainaren eta etorkizunaren kaltetan. 2) Borroka armatuaren ondorio den giza kostuaren eta kostu politikoaren balantza oso handia da, eta distentsio-girorik ez egoteak oztopo gaindiezinak sortzen ditu irtenbide politiko negoziatu bat bideratzeko. 3) ETAren borroka armatuak inoiz baino desprestigio politiko eta sozial handiagoa du: azkenaldian gure Herriaren gehiengo oso zabal bat haren kontra dagoela eta tinkotasunez gaitzesten duela ikusten eta entzuten ari gara. [...] helburu estrategikoak lortzeagatik edozein prezio ordaintzeko eta ordainarazteko beharra defendatzen duena (eta, era batera edo bestera, inposatzen duena) ez da konturatzen jarrera horrekin helburuak desitxuratzen dituela, gainbeherara bideratzen dituela, oinarrian dituzten balio etiko-politikoak [...] ahultzen eta pobretzen ari baitira, bai gizartearen pertzepzioari eta sentimenduari begiratuta, eta bai objektiboki.

Argi gera bedi hemen auzitan dagoena ez dela Herri batek, eta zehazki Euskal Herriak, eskubidea duen ala ez armez defendatzeko armez erasotzen duen Estatu baten aurrean. Argi dago hori eskubide ukaezina dela edozein herrirentzat, eta, beraz, baita Euskal Herriarentzat ere. Beste

kontu bat da nork, noiz eta nola balia dezakeen eskubide hori, hau da, nork eta nola har dezakeen halako garrantzia duen erabaki bat, eta zer baldintzatan eta zer irizpide etiko eta politikorekin gauzatu beharko litzatekeen. [...] benetan esan daiteke borroka armatua onuragarria izan dela gure Herriaren askapenerako bidean? Gure ustez, ez. Iruditzen zaigu [...] oztopo bihurtzen ari dela abertzaleen arteko batasuna lortzeko eta, beraz, autogobernu-maila handiagoa eskuratzeko, eta, horrela, autodeterminazioaren aldeko borroka bateratua eta benetan eraginkorra aurrera eramateko. [...] Gustatu ala ez, [herriaren] borondatea argia da; ez du borroka odoltsu gehiagorik nahi, eta, era berean, ez du zapalkuntza nazional eta sozial gehiagorik nahi.

[...] Gaur egun ezin da Espainiako Estatuaren aurkako borroka parametro politiko-militarretan planteatu, indar-harremana guztiz desorekatua delako [...] Su-eten iraunkorra litzateke keinurik egokiena eta emankorrena, zalantzarik gabe. [...]

Euskal Herria zatituta dago. Madrilek eta Parisek zatituta, bai, baina barne-haustura ere badu eta euskaldunon ezjakintasunak eta itxitasunak zauri sakonak eragin ditu [...] Ezin al liteke lortu adostasun zabal bat autodeterminazio-eskubidearen alde alderdi eta kolektibo edo plataforma ezberdinen artean, herrikide ugarirekin batera?

Iturria: Cfr. Unzueta (2016: 263-278).

ARIKETA 5

Aurreko dokumentuan, egileek indarkeriaren erabilera zalantzan jartzen dute, hainbat argudio erabiliz. Argudio horietako batzuk instrumentalak baino ez dira, eta beste batzuek kontsiderazio etikoak dituzte:

- Zein dira argudio estrategikoak eta zein etikoak?
- Kontrajarriak dira edo elkar indartzen dute?
- Laburbilduz, zein dira indarkeria deslegitimatzeko argudioen indarguneak eta ahuleziak?

Handik denbora gutxira, Joseba Urrusolo Sistiagak, Carmen Guisasolak, Kepa Pikabeak eta ETAko beste hamabost presok "Nos ilusiona lo de Irlanda" (1998) agiria argitaratu zuten. Irlandako

prozesuaren glosak ez zuen inolako kritikarik egiten indarkeriaren erabilerari buruz. Irlandako negoziazio-ereduak Euskal Autonomia Erkidegoan aplikatzeko zuen potentziala zen gogoeten ardatza. Ez ziren batere mugitzen autodeterminazio-eskubideari buruzko eskema nazionalistatik. Hain zuzen ere, alderdi eta sindikatu abertzaleen eta Ezker Batuaren (EB-IU) arteko Lizarrako Ituna ekarri zuen eskema horrek hilabete batzuk geroago. Itunak 1998ko su-etenaren oinarriak jarri zituen, baina beren burua nazionalistatzat ez zuten euskaldunak baztertzen zituen. Agiriak erakundeko presoek aro berri horretan izan beharko luketen papera azpimarratzen zuen, eta inork ez zituela instrumentalizatu behar nabarmentzen zuen (cfr. Unzueta, 2016: 282-283).

Lizarrako su-etenaren hausturak etsipena eragin zuen preso disidenteen artean. Etsipena haserre eta amorru bihurtu zen ETAk irtenbide negoziatu bat lortzeko azken aukera bertan behera uztea erabaki zuenean, 2006ko abenduaren 30ean Madril-Barajaseko aireportuko T4 terminalean bonba bat leherrarazita. Atentatu horretan bi etorkin ekuadortar hil ziren. Gertakari horrek *Txelis* eta Pikabea gutun bat idaztera eraman zituen (2007). Bertan, *Sobre la estrategia abertzale* dokumentuan adierazten ziren gakoak berreskuratuz, EPPKren diziplinatik aldentzen zirela adierazi zuten. Hori egin zuten lehen bi presoak izan ziren: "[...] aurrerantzean Kolektibotik aldenduko gara eta, beraz, ez dugu haren ekimenetan parte hartuko eta ez ditugu haren funtzionamendu-arauak beteko. Geure bideari jarraituko diogu. [...] ez gaude ados ezarri den estrategia politiko-armatuarekin; izan ere, aspalditik uste dugu inolako estrategia armatuk ezin diola konponbide zentzudunik eskaini Euskal Herriak bizi duen gatazka politikoari. Duela urte batzuk iritsi ginen ondorio horretara, motibazio politiko, sozial eta etiko oso indartsuengatik. [...]" (cfr. Unzueta, 2016: 287). ETAren inguru politikoak, legeztatzea lortzeko, Alderdien Legearen iragazkia nola igaro aztertzen zuen bitartean (2002), ETAk kontrol zorrotza ezarri zuen kartzeletan, presoek espetxe-legezkotasunaren abantailak eskura ez zitzaten. Presoen Kolektiboak *Txelis*i eta Pikabeari leporatu zien presoen arteko zatiketa sortzea eta espetxeetako

erakundeekin elkarlanean aritzea; baina Joseba Urrusolo eta Carmen Guisasola haien alde azaldu ziren eta EPPKtik aldentzeko asmoa adierazi zuten (2008), berriro ere, bidegabeki eragindako kalteagatik damurik azaldu gabe.

Bitartean, Rodríguez Zapateroren gobernuak espetxe-eremuan ahalegin gehiago egin zituen, ETArengandik berariaz aldentzeko eta presoen banakako gizarteratzea errazteko. 25 bat presok erabili zuten bide hori, aurretik erabakia ondu eta gero. Desberdintasunak desberdintasun, guztiek jarrera kritikoa zuten indarkeriaren aurrean. Gainera, bidegabeki eragindako kaltea esplizituki aitortu zuten azkenean. Lehenik, Euskaditik gertu dauden espetxeetara hurbildu zituzten, besteak beste Zuerara (Zaragoza), Villabonara (Asturias) eta Logroñora. Ondoren, idatziz eskatu zuten Euskadiko espetxeetara hurbiltzeko, batzuk Langraiz Okara (Araba), beste batzuk Martutenera (Gipuzkoa) eta beste batzuk Basaurira (Bizkaia).

Carmen Guisasolaren gutuna, Langraiz Okara eramateko aukera ematen duena

Zuera, 2010eko martxoa

Nik, Carmen Guisasola Solozabalek,

Garai berri bat eraiki behar dela uste dut. Urte gehiegitan bizi izan gara oinazea eta sufrimendua besterik sortzen ez duen indarkeriaren zurrunbiloan murgilduta. Eta horrek eragotzi egiten du defendatzen ditudan aldarrikapen legitimoak errealitate bihurtzea.

Guztion artean, gutako bakoitzak, min eta sufrimendu hori konpontzen saiatu beharko dugu. Ondorioz, nire aurreko jardueran biktima errugabeei egindako kaltea aitortu nahi dut, ahal dudan neurrian konpentsatzen saiatu, eta jarduera hori alde batera utzi dudala berretsi.

Iritsi da etapa berri bat hasteko unea; etapa honetan, edozein helburu legitimo lortzeko soilik bide baketsu eta demokratikoak erabili beharko dira, eta, horrenbestez, ez dut zilegitzat hartzen indarkeria legitimatzea.

Horren guztiaren ondorioz, ahal dudan neurrian, bakean, askatasunean eta bizikidetzan oinarritutako Euskadi berri hori eraikitzen laguntzeko borondatea eta konpromisoa adierazten ditut.

Iturria: Cfr. Unzueta (2016: 280).

ARIKETA 6

- Zein dira Guisasolak indarkeriaren erabilera zalantzan jartzeko erabiltzen dituen argudio nagusiak?
- Zer antzekotasun eta desberdintasun antzematen dituzu aurreko gutun eta komunikatuekin alderatuta?
- Nola aipatzen ditu biktimak eta zer leku hartzen dute haren planteamenduan?

ETAko ekintzaile ohi gehienak, preso edo espetxetik kanpo, erakundearen ortodoxiarekiko leial mantendu dira. Langraiz Bidea hautatu dutenak guztizkoaren % 4 inguru baino ez dira. Horrek adieraz lezake militante askok, beren iraganaz harro, zinez uste dutela indarkeriaren erabilera balekoa dela helburu politikoak lortzeko. Baina EPPK-k gogoeta kritikoa eta edozein disidentzia-saiakera indargabetzeko hamarkadetan ezarritako diziplina gogorrak ere eragina izan zuen. Horretan berebiziko garrantzia izan zuten ezker abertzaleko abokatuek, praktikan, ETAren gidalerroen transmisio-uhal gisa funtzionatu baitzuten, sekretu profesionalaren babesean: "[...] abokatu horiek ematen diete gose-grebei argi berdea, aktibatzen dituzte espetxe-politika salatzeko ziegetako itxialdiak, eta debekatzen diete presoei funtzionarioekin hitz egitea" (Terradillos, 2016: 121).

Presoen Kolektiboak eta haien abokatuek espetxean zeuden aktibistei zer egin behar zuten eta zer ez zuten egin behar esateaz gainera, zer pentsatu behar zuten ere esaten zieten. Horretarako, euskal gizartean gertatzen zenari buruzko ikuspegi partziala ematen zieten eta haiengan zalantzak edo gogoeta kritikoak sor zitzaketen pertsonengandik urrun mantentzen zituzten. Diziplina

ideologiko eta estrategiko hori errespetatzearen truke, EPPK-k hainbat laguntza-mota ematen zizkien, eta horrek nolabaiteko segurtasuna ematen zien. Adibidez, senideek kartzeletara egiten dituzten bidaiak ordaintzen laguntzea, lege-aholkularitza eskaintzea, hilero laguntza ekonomikoa ematea, heroi-martiri gisa hartzeko omenaldiak antolatzea, edo zigorra bete ondoren lana bilatzea. Azken hori arazo bereziki konplexua zen; izan ere, ETAko preso askok lan-esperientzia txikia eta lanbide-kualifikazio eskasa zuten, oso gazte zirela sartu baitziren erakundean edo gazte atxilotu eta espetxeratu baitzituzten. Gainera, EPPKren jarraibideei men eginez, ezin zuten espetxeetako prestakuntza-tailerretan parte hartu.

Preso disidenteek zailtasun gehigarri bat zuten. ETAko gainerako preso guztien arazoak edukitzeaz gainera —besteak beste, euskal enpresaburuak etengabe jomugan jartzeagatik—, ezker abertzaleak beren inguruan lana aurkitzeko eskain ziezaiekeen laguntza guztia galtzen zuten. "Langraizekoek irabazitako lehen borroketako bat izan zen hori [...] Preso horiek prestakuntza jasotzea eta erakundearen mendeko pertsona izateari uztea erabaki zuten. Horregatik zigortu egin zituzten, eta ETAk lehen jasotzen zuten laguntza ekonomikoa moztu zien. Dirua galdu zuten, baina ETAren esku zeuden tresnak izatetik Estatuaren kotizatzaile izatera igaro ziren" (Terradillos, 2016: 197 eta 199). Heroiak traidore bihurtzeak disidenteen familiei ere eragin zien. Hori bai, aldea zegoen ingurune abertzalearen hurbilekoak ziren familien edo ez zirenen artean. Lehenengo kasuan, seme-alaben portaera gaitzestera jotzen zuten; inoiz ez zituzten terroristatzat hartu, beti izango ziren abertzale eredugarriak, Euskal Herriaren askatasunaren alde dena emateko prest. Bigarrenean, gizarte-ostrazismoa sufritu behar izan zuten, bereziki larria eta indartsua ezker abertzalearen kontrolpean zeuden udalerri txikietan.

Langraiz Bideko ordezkariek indarkeriari zilegitasuna kentzen lagundu zuten, bidegabeki eragindako mina aitortu eta biktimei barkamena eskatu baitzieten. Hala ere, garrantzitsua da haien planteamenduen eta ekintzen mugak ere kontuan hartzea. Kasu batzuetan, indarkeria albo batera uztearen atzean duintasuna eta

giza eskubideak aitortzean oinarritutako argudio etikoak zeuden; beste kasu batzuetan, ordea, tentazio utilitaristak gailentzen ziren, indarkeria deslegitimatzen laguntzen ez dutenak. Pertsona horiengan hondar instrumental arriskutsu bat ere geratzen zen, "atzo bai, baina gaur ez da egokia" erabiltzen baitzuten, iraganean egindakoa justifikatzeko, "testuinguru politikoak adierazten digu gaur indarkeriak ez duela zentzurik [...]. Oraindik pentsatzen dut garai hartan zuzena zena egin nuela [...]" (cfr. Terradillos, 2016: 137). Gainera, oso gutxik hartu zituzten beren gain erantzukizun zibilak —askotan, beren burua kaudimengabetzat jo zuten— eta are gutxiagok lagundu diote justiziari oraindik egile ezagunik gabeko atentatuak edo hilketak argitzen. Erakunde terroristako beste kide batzuk salatzea beti hartu izan da muga gaindiezintzat, inork ez du salataritzat hartzea nahi. Baina biktimek azpimarratzen dute ezin dela benetako damurik izan, baldin eta disidenteek duten informazioa poliziaren eta epaileen eskuetan jartzen ez badute, informazio hori lagungarria izan baitaiteke indarkeriak kaltetutako askoren egia, justizia eta erreparaziorako eskubideak gauzatzeko.

Amaya Fernándezen gutuna (Euskadiko PPko presidente ohia)

Carmen Guisasolari

2018ko maiatzaren 23a

[...] Ondo dakit gaur terrorismoaren aurka zaudela eta ETAri eta bere munduari pertsonen hilketa selektiboaren bidegabekeria aitortzeko ere eskatu diozula. Uste dut ona dela hori egitea; baina, demokrata naizenez, nire betebeharra da politikaren bozgorailua baliatzea, egun batean ETAko kide izan zirenei eta gaur damutzen direnei hitzak ekintzekin lagundu ditzatela eskatzeko. Bestela esanda: damua, garrantzitsua, ez dadila itxurakeria hutsa izan, eta agintariei lagundu diezaietela oraindik argitu gabeko hilketak argitzen. Damuak damutzen denari egiten dio mesede. Agintariei eta Justiziari laguntzea biktimentzat eta gizarte osoarentzat da onuragarri. [...]

Manuel (polizia nazionala) Arrigorriagako frontoira joan zen partida bat jokatzera, 1986ko apirilean. Halako batean, nekatu eta harmailetan

eseri zen. Orduan, gizon bat eta emakume bat atzetik hurbildu zitzaizkion eta garondoan tiro egin zioten. Lekuko batek esan zuen emakumeak egin zuela tiro. Lapurtutako taxi batean ihes egin zuten, eta polizia-ikertzaileek Julián Achurra Egurola etakidearen aztarnak aurkitu zituzten bertan. Manuelen hilketaren sumarioak erakusten duenez, ETAko kolaboratzaileek Bilboko San Frantzisko kaleko etxebizitza batean ezkutatu zintuzten, Julián Achurra Egurolarekin batera, 1986ko maiatzaren 3tik –Manuel maiatzaren 20an hil zuten– urte horretako azarora arte. Etxebizitzan hartu zintuen pertsonak, gainera, hilketa aitortzen entzun zizuela esan zuen epaitegian. Inoiz ez duzu horri buruz hitz egin. Carmen, nork hil zuen Manuel?

Urte asko igaro dira damua iragarri zenuenetik, ETAren diziplina utzi zenuenetik. Baina urte hauetan guztietan ETAk zu erakundean zeunden bitartean hil zituen pertsonen familiek Justizia ez ezik, gertatu zenaren egia jakitearen zain jarraitzen dute. Damua urrats garrantzitsua da, baina ezer gutxi balio du krimen terroristekiko isiltasun konplizearekin batera badoa. ETA desegiteak bere erantzukizuna desegiten ez duen bezala, eragindako terrorismoagatik barkamena eskatzeak ez du inor salbuesten terrorismoaren biktimekiko erantzukizunetik. [...]

Iturria: Fernández (2018).

ARIKETA 7

Jar zaitez Carmen Guisasolaren lekuan eta testuinguruan. Nola erantzungo zenioke Amaya Fernándezen gutunari?

Disidenteek ez zuten beren burua kolektibo baten parte gisa ikusi nahi, horrek banakako agentzia-gaitasuna ken baitziezaiekeen, urteetan EPPKren diktadura hertsiarekin sentitu zuten bezala. Hala ere, batzuek, 2010etik aurrera, "Bake Prozesu Atzeraezinarekin Konprometitutako Presoak" izen kolektiboa hartuta, zenbait adierazpen publiko egin zituzten, besteak beste, ETAk behin betiko su-etena aldarrikatu baino hilabete batzuk lehenago egin zena. Agiri horretan, "borroka armatuarekin" amaitzeko

beharra azpimarratzen zuten, eta gizarteratzearen bidea hartu eta espetxe-onurak eskatu nahi zituzten presoei erabakitzeko askatasuna ematea eskatzen zuten. Era berean, berariaz aipatzen ziren biktimak eta haien aitortza-erreparazioa, nahiz eta "gatazkaren ondoriotzat" jo.

Urratsak Bake Prozesu atzeraezinean

Euskal Herriko gatazka konpontzeko aurreko saiakera zapuztuen ondoren, borroka armatuari amaiera emateko eta bide baketsu eta demokratikoetatik soilik aurrera egiteko beharra urte askotan planteatu ondoren, batzuk bide horretan urrats zehatzak ematen hasi gara, eta ahalik eta ondoen egin nahi dugu, konponbide global bat bilatzeko ekarpen gisa. [...]
Orain arte, EPPK Presoen Kolektiboaren funtzionatzeko moduagatik, preso politiko batek bi aukera besterik ez zituen: Kolektiboko kide izatea edo Amildegia. Erabaki horren ondorioek presoarengan ez ezik, senitartekoengan eta inguruarengan ere eragina zuten. Ez dugu Kolektiboan daudenen aurka jarri nahi, inolaz ere. Gauza bakarra nahi dugu: EPPKn egon ala ez, bake-prozesu atzeraezin honen alde dauden presoak errespetatzea, pauso zehatzak emateko aukera izan dezaten, amildegiari, gezurrei eta deskalifikazioei aurre egin behar izan gabe.
Biktimen gaia ere planteatu behar da, baita eragindako kalteen aitortza-erreparazioa ere. [...] gatazkaren ondorioak aitortzeko ekintza gisa hartu behar dugu [...] pertsonen artean elkar ulertzeko eta elkarrengana hurbiltzeko espazioak irekitzen hasi behar da, hainbeste urtetako gatazkak eragindako zauriak gainditzearen aldeko giroa sortzen lagunduko duen komunikazioa errazteko.

Iturria: Cfr. *Deia* (2010).

Hain zuzen ere, preso disidenteen sektore batek beste urrats bat egin zuen, eta ETAren indarkeriaren biktimekin egindako topaketa errestauratiboetan parte hartu zuen. Bilera horiek Bake

Prozesu Atzeraezinarekin Konprometitutako Presoen Taldeak espetxeko zuzendaritzari eta espetxe-erakundeei egindako eskaeraren ondorio izan ziren. Aurrez aurre egon nahi zuten biktimekin, eta sakon ezagutu nahi zuten haiek eta/edo erakundeak eragin zuten sufrimendua, beste pertsona batzuen aurkako atentatuak egin zituztenean. Topaketa horietan parte hartu zuten presoek ez zuten trukean inolako espetxe-onurarik jaso, eta horrek, interpretazio politiko eta mediatiko interesatuak gorabehera, instrumentalizazio-tentazio oro saihestu zuen (Pascual, 2013: 2077-278).

ETAk su-etena eman eta bi urtera (2011), EPPK-k agiri bat kaleratu zuen. Ez zion uko egiten ETAren eta bere ingurunearen parahizkuntzari, ez eta bere burua biktimatzat hartzeko eta indarkeria gatazka politikoaren ondorio saihestezin huts gisa ulertzeko obsesio gaiztoari ere. Baina, hala ere, prest zegoen presoek gradu-aldaketak eta espetxe-onurak lortzea errazteko legeak ezarritako bideak jarraitzeko erabakia errespetatzeko: "[...] etxera itzultzeko gure prozesua —espetxetik ateratzea eta lehentasunez Euskal Herrira itzultzea— legezko bideei jarraituz egitea onar genezake, nahiz eta horrek inplizituki guretzat zigorra onartzea ekarri" (Aizpeolea, 2013). Jakina, taktizismo hutsez egin zuten hori, eta ez konbentzimendu etikoagatik, alternatibarik gabe geratzen zirela konturatu baitziren. Hiru urte geroago, 2016an, 600 preso ohik Usurbilen egin zuten topaketa batean, Kolektiboak berariaz uko egin zion irtenbide kolektibo bat (amnistia) eskatzeari, eta espetxe-legeria onartzen zuela adierazi zuen, muga gaindiezinak zeintzuk ziren gogoratuz: damua eta salaketa. Paradoxa badirudi ere, azkenean onartu egin zuten Langraizko preso disidenteak traidoretzat jo eta ostrazismora kondenatu zituen jarrera hura. Ezker abertzaleko talde txiki batzuetan izan ezik, inork ez zituen traidoretzat hartu; are gehiago, espetxetik ateratzen hasi zirenean, heroi gisa hartu zituzten. Gizarteratze-prozesutik erakunde bakarra aldendu zen, Amnistiaren Aldeko eta Errepresioaren Aurkako Mugimendua (ATA). Mugimendu horrek gutun bat bidali zien presoei, gogorarazteko ezin zitzaiela eskatu espetxe-legezkotasuna onartzea, ezta borrokari eta militantziari uko egitea ere (Gorospe, 2016).

ONDORIOAK

ETA frankismo garaian sortu bazen ere, funtsean ez zen frankismoaren aurkako erakundea izan. Sorreratik, espainolismoaren aurkako proiektu politikoa defendatu zuen. Diktadurak aukera eman zion bere irudia indartzeko eta babesa irabazteko. Hori dela-eta, aldizkako barne-eztabaidak erakundearen ultranazionalismoa zalantzan jartzen zuten sektore "likidazionistek" erakundea uzten zuten azkenean.

Ez zuen inor hil 1968ra arte, baina indarkeria bere DNAren parte izan zen sortu zenetik, eta, noski, baita Euskadin *ekintza/errepresioa/ekintza* espirala aplikatzearekin amets egiten zuenean ere. Indarkeriaren ikuskera ia fetitxista horrek ekarri zuen indarkeriak berehala bitarteko izateari uztea eta helburu bihurtzea. Horrek erakundearen zurruntasuna eta hierarkia areagotu zituen eta, pixkanaka, gizartetik isolatzen eta bere eragin-esparrua ezker abertzalera mugatzen joan zen. Belaunaldiz belaunaldi, epika heroiko eta sakrifiziokoak gazteen sozializatzeko oinarri gisa funtzionatu zuen. Gazte horientzat, bizia emateko prest egotea ("Euskal Herriaren alde hiltzea") koartada ideologiko gaizto baina eraginkorra bihurtu zen, beste pertsona batzuei inolako objekzio etikorik gabe bizitza kentzeko ("Espainiaren alde bizitza kentzea").

Indarkeriarekiko lilura kolektiboa gorabehera, bere berrogeita hamar urteko historian zehar behin eta berriz izan ziren eztabaidak, bai erakundearen barruan, bai haren ingurune politikoan,

erakundeak izan behar zuen paperari buruz. Hasierako eztabaidaren ondoren, eta ETA politiko-militarrak erakundea utzi arte, eztabaida horietako batek ere ez zuen zalantzan jarri indarkeriaren zilegitasuna; horren ordez, indarkeriak mugimenduaren estrategia globalean izan behar zuen lekuaz eztabaidatu zen, bereziki Trantsizioa iristeak borroka politiko eta sozialak artikulatzeko aukera eman zuenean. Eztabaida horietan aukera militaristenek irabazi zuten beti, eta horrek hausturak sortu eta jarrera horiek zalantzan jarri zituztenen irteera eragin zuen.

Polimilien ondoren, ez zen irteera kolektibo gehiagorik izan. Eta banakako irteerek garesti ordaindu zuten, ostrazismoarekin, mehatxuekin eta baita heriotzarekin ere. Edozein motatako disidentzia deabruaren pare jartzeak eta heroia heretiko edo traidore bihurtzeak, hainbat hamarkadatan, erakundeko kide izatearen sentimendua indartu zuen: gudaria damutu egiten zen, etakide eta euskaldun on izateari uzten zion, eta etsaien bandoan sartzen zen. Hala ere, banakako disidentzietako batzuk espetxean sortu ziren, hain zuzen ere, EPPK-k zorrotz kontrolatutako erresistentzia eta borroka lekuan, ETAk itsu-itsuan eta arrisku handiz aurrera egitea erabaki zuen tokian. Disidentzia horiek estrategikoak izan ziren hasieran eta etikoak ondoren, eta azkenean, nolabaiteko talde-izaera hartu zuten. Orain, errealitatea bestelakoa da. Paradoxa badirudi ere, erakundeko presoen eta preso ohien gutxiengo erresistentearentzat, gaur egun traidoreak Sortu eta EH Bildu dira, legezkotasuna onartu eta justiziaren aurrean ongi etorriek biktimak umiliatzen dituztela aitortzean, "etsaiaren egia" bere egin baitute.

BIBLIOGRAFIA

Aizpeolea, Luis R. (2013): "El colectivo de presos de ETA reconoce el daño causado y la legalidad penitenciaria", *El País*, 29 de diciembre, https://n9.cl/gr4dal.

Alcedo, Miren (1996): *Militar en ETA*, Donostia, Haranburu.

Aranzabal, L. (2023): "Las víctimas piden a la izquierda abertzale que deje de celebrar el Gudari Eguna porque 'legitima a ETA'", *Crónica Vasca*, abenduran 27a, https://n9.cl/q5wrgo.

Arriaga, Mikel (1997): *... Y nosotros que éramos de HB. Sociología de una heterodoxia abertzale*, Donostia, Haranburu.

Aulestia, Kepa (1998): *HB: crónica de un delirio*, Madril, Temas de Hoy.

Bake Prozesu Itzulezinarekin Konprometitutako Presoak (2010): "Urratsak Bake Prozesu atzeraezinean", *Deia*, maiatzaren 16a, https://n9.cl/ufz54h.

Bilbao, Galo (2009): *Jano en medio del terror: la inquietante figura del victimario-víctima*, Bilbo, Bakeaz.

Bilbao, Galo eta Sáez de la Fuente, Izaskun (2020): *Por una (contra)cultura de la reconciliación*, Bartzelona, Cristianismo y Justicia.

BOE-Espainiako Aldizkari Ofiziala (2011): Terrorismoaren biktimen aitorpeneko eta babes integraleko legea – Ley de Reconocimiento y Protección Integral a las Víctimas del Terrorismo, https://n9.cl/td702r.

Bruni, Luigi (1992): *ETA, historia política de una lucha armada*, Tafalla, Txalaparta.

COVITE (2025): "Mapa del terror", https://n9.cl/1ul5d.

De Pablo, Santiago; Mees, Ludger eta Rodríguez Ranz, José Antonio (ed.) (2001): *El péndulo patriótico. Historia del Partido Nacionalista Vasco II (1936-1979)*, Bartzelona, Crítica.

EHUko Giza Eskubideen eta Botere Publikoen Katedra (2017): *Informe sobre el caso Pertur: estado actualizado de la cuestión*, Gasteiz, Giza Eskubide, Bizikidetza eta Lankidetzaren Idazkaritza.

ETA (1962): *Zutik*, apirila.

— (1963): *Koadernoak*, 20. zk.

— (1968): *Zutik*, 50. zk.

— (1979): *Y dokumentuak*, I-XVIII. Liburukiak, Donostia, Hordago.

Fernández, Amaya (2018): "A la atención de Carmen Guisasola", Partido Popular.

Fernández Soldevilla, Gaizka (2013): "El precio de pasarse al enemigo. ETA, el nacionalismo vasco radical y la figura del traidor", *Cuadernos de Historia Contemporánea*, 35. liburukia, 89-110. or.

— (2016): *La voluntad del gudari. Génesis y metástasis de la violencia de ETA*, Madril, Tecnos.

— (2021): "ETA en la dictadura y en la Transición", lan honetan Rafael Leonisio, Fernando Molina y Diego Muro (ed.), *ETA. Terror y terrorismo*, Madril, Marcial Pons.

Fernández Soldevilla, Gaizka eta Jiménez Ramos, María (koord.) (2020): *1980. El terrorismo contra la Transición*, Madril, Tecnos.

Fernández Soldevilla, Gaizka eta De Pablo, Santiago (2024): *Las raíces de un cáncer. Historia y memoria de la primera ETA*, Madril, Tecnos.

Gorospe, Pedro (2016): "El colectivo de presos de ETA acepta permisos individuales, pero sin arrepentirse", *El País*, abenduaren 27a, https://n9.cl/sndxy.

Guadilla, David (2022): "La izquierda *abertzale* ante el crimen de Miguel Ángel Blanco: silencio cómplice y primeras grietas", *El Correo*, uztailaren 8a, https://n9.cl/o9ogn.

Gurrutxaga, Ander (1996): *Transformación del nacionalismo vasco. Del PNV a ETA*, Donostia, Haranburu.

Ibáñez, José Luis (2013): *El franquismo*, Madril, Sílex Ediciones.

Krutwig, Federico (1963): *Vasconia. Estudio dialéctico de una nacionalidad*, Mexiko, Ediciones Vascas.

Martínez, Iñaki (2025): *Manto de silencio*, Madril, Alt. Autores Servicios Editoriales S.L.

Merino, F. Javier (2011): *La izquierda radical ante ETA. ¿El último espejismo revolucionario en Occidente?*, Bilbo, Bakeaz.

Pascual, Esther (koord.) (2013): *Los ojos del otro. Encuentros restaurativos entre víctimas y exmiembros de ETA*, Santander, Sal Terrae.

Sáez de la Fuente, Izaskun (2002): *El Movimiento de Liberación Nacional Vasco, una religión de sustitución*, Bilbo, DDB.

— (ed.) (2017): *Misivas del terror. Análisis ético-político de la extorsión y la violencia de ETA contra el mundo empresarial*, Madril, Marcial Pons.

Saiz-Pardo, Melchor (2021): "Los presos de ETA se comprometen a acabar con los homenajes públicos", *El Correo*, azaroaren 29a, https://n9.cl/anr47d.

Terradillos, Ana (2016): *Vivir después de matar. Los terroristas de ETA que dejaron las armas cuentan por primera vez su historia*, Madril, La Esfera de los Libros.

Unzueta, Humberto (2016): *Nanclares vis a vis. Cara a cara con la disidencia de ETA*, Donostia, Erein.

Viana, Israel (2022): "Tras el misterio de Pertur, el disidente de ETA que desapareció sin dejar rastro en 1976", *ABC*, ekainaren 13a, https://n9.cl/hdg67.

Villanueva, Nati (2012): "'Pertur' o el secreto mejor guardado de ETA", *ABC*, irailaren 22a, https://n9.cl/povhk7.

Vlex (2017): *Auzitegi Gorenaren epaia.* 4/2017 urtarrilak 18.

Yoyesen Lagunak (ed.) (1996): *Yoyes, 1986-1996*, Donostia.